KB273525

음악, 밀당의 기술

음악, 밀당의 기술

음악, 밀당의 기술

이미경
지음

타이밍과
끌림에 관하여

곰출판

나의 음악적 스승이신 이건용 선생님과 고 강준일 선생님,
전남대학교 음악교육과 동료 교수들과 조교, 학생들,

그리고 항상 아낌없이 희생해주신 엄마와 사랑하는 아들 희진에게
사랑과 고마움을 전하고 싶다.

차례

ㄱ 박은 마음이 만들어낸 기술　21

시간 간격에 대한 사람들의 지각 | 박은 왜 우리 마음속에 생기나? | 규칙적인 사건과 불규칙적인 사건 | 박이 박자로 느껴지다 | 〈엘리제를 위하여〉가 2박자로 둔갑한 사연 | 박치가 있을까? | 쌀밥-보리밥 게임, 그리고 스트라빈스키 | 〈학교종〉의 악보는 어디에?

02 동조　65
외부의 리듬과 상호작용하는 자연의 원리

동조 | 약간의 상호작용 | 박동적 동조 | 의식적 동조와 무의식적 동조 | 신체 내장기관들 간의 동조 | 사람 간 동조 또는 사회적 동조 | 감정적 동조

음악 경연이 인기 TV 프로그램으로 자리 잡은 지 꽤 오래다. 나는 이런 경연 프로그램 가운데 초창기에 방영되었던 'K팝스타'를 즐겨 시청했다. 어린 참가자들의 놀라운 음악성을 보는 즐거움도 컸지만, 심사위원들의 반응도 꽤 재밌었다. 특히 모두가 홀딱 빠져들게 참가자가 리듬을 타며 노래를 부르면, 3명의 심사위원들도 그 리듬에 맞춰 함께 고개를 흔들거나 어깨를 움직이며 같이 박자를 타는 모습을 연출하기도 했다. 또 그런 순간이면 으레 카메라는 다른 경쟁자들의 표정을 향하는데, 경쟁으로 인한 긴장은 어디로 갔는지 함께 고개를 흔들며 즐기는 모습을 볼 수 있었다. 그리고 카메라가 일반 관객들로 옮겨가도 상황은 크게 다르지 않았다. 그들도 매스게임을 하듯이, 동시에 어깨나 머리를 박자에 맞춰 흔들고 있다. 물론 TV로 보고 있는 나도 몸이 들썩거리는 것을 멈출 수가 없다. 이상하지 않은가? 우리는 왜 모두가, 그리고 동시에 그런 행동을 할까?

그룹 퀸의 〈We will rock you〉라는 노래를 모르는 사람은 아마 없을 것이다. 노래의 시작 부분에 나오는 '쿵 쿵 딱-'을 몇 번 듣고 나면, 우리 몸을 가만히 두기 힘들다. 이 음악은 제목

그대로 우리 모두를 흔들어놓았다. 그 음악에 발을 맞춰 '쿵 쿵 딱-, 쿵 쿵 딱-'을 할 때 느끼는 강렬한 쾌감이란, 설명이 따로 필요 없다. 이 쾌감은 무엇보다 '본능적'이다. 그냥 음악에 항복당하는 느낌이다. 이것은 분명 음악이 갖고 있는 강력한 힘 중 하나다. 그 힘은 박동으로부터 나오는 힘이다.

음악의 박동은 왜 우리를 뛰게 하는가? 또 서로 박을 맞추면, 어떻게 우리는 순식간에 하나가 된 듯한 느낌을 받을까? 동물 중에 이런 식으로 박을 타는 종(種)이 또 있을까? 어쩌다 우리는 이렇게 되었을까? 그리고 왜 이런 행위는 우리를 기쁘게 할까? 음악은 파킨슨병을 앓고 있는 환자들을 춤추게 하고, 가와사키병 쇼크로 코마에 빠져 전혀 미동도 하지 않던 아기를 움직이게 한다. 박을 느끼고 거기에 맞춰 몸을 흔드는 능력, 이것이 본능이라면 언제, 어디에서 생겨난 것일까? 진화의 과정에서 어떤 목적으로 이 능력이 선택되었을까? 그리고 이러한 능력은 오늘날 음악가들이 연주할 때 보여주는 절묘한 타이밍과 그것을 느끼고 즐기는 청자들의 능력과 어떤 연관이 있을까?

나는 심리학자나 진화생물학자가 아니라 음악학자다. 그러므로 이 책은 음악적 능력의 진화 과정이나 뇌과학적 기제에 관해서는 깊이 있게 다루지 못할 것이다. 그럼에도 불구하고 나는 이 책의 전반부에서 이 문제와 관련된 최근의 과학적 연구 논문과 책에서 얻은 정보를 정리하고, 이 정보가 리듬과 박자를 연구하는 나에게 주는 의미를 생각해보았다. 음악적 리듬과 박자 연주의 복잡성에 대해 연구하다 보니 자연스럽게 '인간에게

이 능력이 왜 탄생했고 어떤 역할을 하고 있는가'라는 의문으로 이어졌다. 그리고 궁극적으로는 이 능력의 발달과정이 '우리가 다른 사람과 어떻게 상호작용하는가' 하는 문제와 맞닿아 있음을 깨달았다. '사람들이 처음 낯선 사람을 만났을 때, 어떻게 관계를 맺기 시작하는가. 또 우리가 어떻게 그에게 매료되고 나의 감정을 전달하는가'라는 문제가 '다른 사람과 어떻게 리듬을 주고받는가' 하는 문제와 긴밀히 연결되어 있음을 깨달았다.

우리의 삶은 리듬으로 가득 차 있다. 아침에 눈이 떠지는 현상은 우리 몸의 수면-각성 주기와 외부의 낮-밤 주기가 조우해 일어난다. 침대에서 일어나 화장실로 걸어가는 동안도 두 다리가 서로 리드미컬하게 움직여야 하며 두 팔도 두 다리와 보조를 맞춰야 한다. 그러지 않으면 넘어지기 십상이다. 사람 간의 관계도 마찬가지다. 아내가 질문을 던졌는데 제때 대답하지 않는 남편은 화를 면하기 어렵다. 대화에서도 서로 동시에 말을 하려고 하면 대화가 이어지기 어렵다. 번갈아가며 리드미컬하게 대응해야 한다. 두 사람의 사이가 좋을 때의 대화의 리듬과 싸울 때의 그것은 같을 수가 없다.

군중이 모여 있을 때 함께 박을 맞추는 현상도 매우 흥미롭다. 축구장에 모인 7만 관중이 각자 목이 터져라 본인이 좋아하는 선수나 국가의 이름을 따로따로 외쳐대면 웅웅거리기만 할 뿐, 아무도 무슨 말을 하려는 건지 알 수가 없다. 그러나 다행히 사람들은 박에 맞춰 '대-한민국 짜짝 짜 짝 짝'을 함께 외칠 수 있는 능력을 갖고 있다. K팝 가수들이 무대에 오르면, 인트로

나 노래 구절 사이사이에 멤버들의 이름을 박자에 맞춰 불러주는 K팝 응원법이 세계로 퍼져나가고 있다. 이 이름 응원법이 가능한 것은 우리나라 사람들의 이름이 거의 모두 세 음절로 되어 있어서 규칙적인 리듬이 가능하기 때문이다. 김남준(BTS 소속 RM의 본명), 김석진(BTS 소속 진의 본명), 민윤기(BTS 소속 슈가의 본명) 등등 모두 같은 '딴딴 따안(♪♪♩)' 리듬으로 리드미컬하게 합창할 수 있다. 크리스티나 아길레라, 브리트니 스피어스 같은 이름으로는…… 글쎄 어렵지 싶다. 이름 응원법 외에도 적절한 곳에 리드미컬하게 끼어드는 우리나라의 K팝 응원법은 청중 스스로 음악에 함께 참여하는 셈이니 기껏해야 노래 따라부르기 정도에 그치는 다른 나라 콘서트 문화에 비하면, 훨씬 더 흥미롭고 매력적일 수밖에 없다.

이 모든 현상은 사람과 사람, 그리고 사람과 환경이 상호작용하면서 펼쳐내는 행위의 시간적 전개 과정이라고 할 수 있다. 음악에서 박자와 타이밍은 이것들의 결정판이다. 다른 연주자와 눈짓을 교환하며 음악을 시작하고 다른 사람의 소리와 표정, 몸짓을 보며 리듬을 맞추고 감정의 고조를 만들어내는 연주는 우리가 일상에서 주고받는 상호작용의 여러 형식들이 극대화된, 혹은 매우 정교하게 집약된 현장이다.

피아니스트 루빈스타인(Arthur Rubinstein, 1887~1982)이 쇼팽 왈츠 2번(Op.64, No.2)을 연주할 때, 왼손 '쿵짝짝'의 리듬이 살짝 밀리고 당겨지는 것을 느껴보라. 한 번도 정확한 '쿵짝짝'을 하고 있지 않지만 틀렸다는 생각이 들지 않는다. 아니, 틀렸다 맞다 하는 생각을 하기도 전에 이미 내 몸이 박자에 설득당해 같이 흔들고 있는 걸 느낀다. 재즈 피아니스트 베리 해리스(Barry Harris, 1929~2021)가 강의하면서 보여주는 스윙 리듬의 절묘한 그루브를 느껴보라. 이러한 흔들림이 우리를 그의 연주에 정신없이 빠져들게 만든다. 음악은, 그야말로 기가 막힌 밀당의 기술이다.

우리가 연주에서 느끼고 즐기는 이 고급스러운 향유의 밑바탕에는 주위 환경의 시간적 변화를 지각하고 거기에 적응, 진화해온 지극히 본능적인 것들이 작동하고 있다. 이 본능적인 것들이 지역마다 다른 환경에서 다르게 발전하여 '문화'가 되었다. 여기서 가장 본능적인 것은 무엇이며 어떻게 형성되었는지, 또 문화적으로 형성된 것은 무엇이며 문화마다 어떻게 다른지 등의 질문은 여러 가지를 생각하게 만든다. 언어 외에도 우리가 타인과 소통하는, 그동안 생각하지 못했던 다양한 소통 방식과 관계 설정이 사실은 우리가 즐기는 음악의 탄생과 밀접한 관련이 있다.

음악이 던지는 '밀당의 시간'을 느끼고 즐길 수 있는, 가장 기초가 되는 본능적 행동은 '박(beat)'을 지각하는 것이다. 나는 여기에서부터 이야기를 시작하려 한다. 여러 사람들이 함께 어떤 행위를 맞춰서 할 수 있는 이유도 너와 내가 함께 박을 느끼고 거기에 나를 맞출 수 있기 때문이다. 줄다리기를 생각해보면 된다. 그냥 '우리 편 쪽으로 줄을 끌어당겨야 돼'라는 생각으로 각자 힘을 쓰면 결과는 뻔하다. 그러나 서로 박에 맞춰—이 경우

엔 '영차영차' 하는 구호가 '박'의 역할을 한다—행동을 통일하면 힘이 제대로 전달되어 상대를 끌어올 수 있다. 학자들은 침팬지류와 인류가 공동 조상으로부터 분화된 후 인류 진화의 어느 단계에서 박에 맞춰서 행동을 통일할 수 있는 능력이 출현한 것으로 보고 있다. 적어도 현존하는 종들 중에서 이러한 능력을 갖고 있는 종은 인류 외에는 하나도 없다. 개미나 벌이 상상을 초월할 정도로 긴밀히 사회적 협력을 이루며 살고 있지만, 박에 맞춰 줄다리기는 하지 못한다. 개미가 줄 맞춰 이동하는 장면은 많이 봤겠지만, 인간처럼 발을 맞춰 행진하는 걸 본 적은 없을 것이다. 인간과 가장 가깝다고 하는 원숭이나 고릴라도 발을 맞춰 걷지는 못한다.

만약 이 같은 현상이 자연에서 쉽게 나타나는 것이었다면, 디즈니 만화에서 나오는 것처럼 아프리카 초원 곳곳에서 코끼리와 얼룩말, 홍학이 같은 동작으로 춤 추는 장면을 볼 수 있었을 것이다. 그저 네 발을 리드미컬하게 움직여 걷고 날개를 조화롭게 조작하여 날아오른다는 것만으로, 동물이 박에 맞춰 움직인다고 할 수는 없다. 인간의 박자맞춤과 동물의 리드미컬한 행동 사이에는 엄청난 차이가 있다. 인간의 언어 능력만큼이나 어쩌면 이것은 인간을 다른 종들과 뚜렷하게 구별짓는 차이점일 수 있다.

그래서 나는 이 책에서 '박'과 '박자'에 집중했다. 1장은 '박'이 우리 마음속에서 어떤 과정을 거쳐 느껴지는지에 관한 이야기다. 일반적으로 박, 혹은 박자를 음악을 구성하는 여러 특성

가운데 하나로 생각하지만, 사실 '박'은 사람 마음속에서 만들어지는 마음의 구성물이다. 우리가 어떤 음악을 듣고 '어? 3박자 왈츠곡이네!'라고 알 수 있는 것은 그 음악이 전해주는 정보가 아니라 우리 마음이 그 음악에 맞춰 3박자로 상호작용하기 때문이다. 그래서 같은 음악을 들어도 이러한 능력이 없는 개나 고양이는 그 음악을 3박자로 지각하지 못한다. 1장에서는 이 능력이 우리 마음속에서 어떻게 만들어지는지 설명한다. 2장은 동조를 간단히 설명하면서 동조가 음악에 개입하여 일으키는 다양한 현상들을 보여준다. 박을 지각하기 위해서는 우리 마음이 외부의 리듬과 상호작용해야 하는데, 그 일이 일어나게 하는 자연적 원리가 '동조'다. '박동적 동조' 외에도 '무의식적 동조', '신체 기관들 사이의 동조', '사회적 동조', '감정적 동조' 등을 간단히 소개한다. 3장은 '박에 맞춰 행동함'의 전조현상이라 불릴 만한 행동을 보여주는 동물들을 소개한다. 이 동물들의 행동을 인간의 행동과 비교함으로써 인간이 왜, 어쩌다 이 능력을 갖게 되었는지를 짐작해본다. 그러면서 자연스럽게 진화의 문제로 넘어간다. 현재 갖고 있는 증거만으로는 진화 과정 중 언제부터 인간이 박에 맞춰 행동하게 되었는지 정확히 알 수 없다. 하지만 몇몇 진화론적 관점들로부터 적어도 '왜, 어쩌다가' 우리에게 이런 능력이 생겨났는지는 추론해볼 수 있다. 4장은 문화에 관한 이야기다. '박에 맞춰 행동함'이라는 본능이 음악이라는 문화로 편입되면서 다양한 양식으로 발현되었다. 박은 몇 개씩 묶여 '박자'가 되는 과정에서 이미 문화적 차이가 개입될 여지가 생긴다. 박자로 묶이는 과정에서 ‘2박자가 전 세계적으로 가장 흔한 박자라는 것은 사실일까’, ‘우리 전통음악은 왜 3박자가 지배적이라고 할까’, ‘비등시박은 왜 생기나’, ‘박자가 없는 음악이 있을까’ 등에 관한 이야깃거리가 생겨난다.

마지막으로 5장에서는 박을 갖고 노는 전문 음악인, 즉 밀당의 기술을 보여주는 연주자들의 세계로 안내한다. 음악에서 전문 연주자들은 절묘한 타이밍으로 우리의 마음을 쥐락펴락하는데, 이 타이밍의 기술이 음악 안에서 어떻게 구사되며 우리는 이것을 어떻게 즐기는가를 다룬다.

그리고 이 현란한 음악적 기술들이 근본적으로 어디에서부터, 무엇을 위해 이토록 찬란하게 발전되어 왔는지, 박자를 통해 상대방과 시간을 공유할 수 있는 능력을 보유한다는 것이 어떤 의미인지, 인류가 밀당을 즐기는 이유가 뭔지, 이러한 관점에서 연주자들의 능력을 본다는 것이 어떤 의미가 있는지 등의 질문에 나름대로 답해보려 한다.

박자와 리듬, 어떻게 구별하나

음악에서 시간을 구성하는 가장 기본적인 2가지 요소로 보통 박자와 리듬을 꼽는다. 종종 사람들이 박자와 리듬을 비슷한 것으로 혼동하는데 음악에서는 서로 구별되는 개념이다. 박자와 리듬이 어떻게 다른지 먼저 짚고 가자.

우선, 박자는 '박(beat)'이 모인 것인데, '박'은 우리가 노래 부를 때 치는 박수를 생각하면 가장 쉽다. 〈생일 축하합니다〉 노래를 부를 때 우리는 다음과 같이 박수를 친다. 노래의 리듬은 길고 짧은 다양한 리듬으로 구성되어 있지만 박수는 일정한 박에 친다.

악보) 노래 〈생일 축하합니다〉

여기서 우리가 치는 박수가 '박'에 해당한다. '리듬'은 노래 부를 때의 음의 길고 짧음을 의미한다. 다른 예를 보자. 우리에게 익숙한 응원 구호, "대~한민국, 짜짝 짜 짝 짝"을 할 때는 어떨까? 이때 치는 박수는 〈생일 축하합니다〉 노래할 때 치는 박수와 다르다. 이때 치는 박수는 '리듬'을 친다. 물론 이 경우에도 우리 마음속에는 '하나, 둘, 셋, 넷'이 세어지고 있다. 이것이 박이다. 그러므로 보통 박과 리듬의 인지는 우리가 음악을 들을 때 동시에 일어난다.

박(beat)[1]은 음악을 들을 때 우리 마음속에서 '쿵 쿵 쿵…' 하고 규칙적으로 울리는 느낌이다. 이 느낌은 우리가 음악을 듣거나 춤추는 장면을 볼 때 자동적으로 마음속에 생기는 현상이다. 마음속에서 울리는 것이므로 다른 사람은 이 소리를 들을 수 없다. 그러나 우리가 박에 따라 박수를 치거나 고개나 발을 까딱거리면, 비로소 이 '마음속의 현상'을 다른 사람들도 보게 된다. 박이 둘씩 모이면 2박자가 되고, 셋씩 모이면 3박자가 된다. 박자(meter)란 박의 모임이다. 여기서 박이 모인다는 뜻은 센 박과 여린 박이 규칙적으로 나타나는 질서를 말한다. 예를 들어, 박이

'강 약 강 약 강 약'

이러한 규칙으로 나타날 때 우리 귀에는 2박으로 묶여서 들린다. 또 박이

'강 약 약 강 약 약'

으로 나타날 때는 3박으로 묶여서 들린다. 그러므로 박자
는 '강박과 약박으로 구성된 박의 위계적 질서'라고 할 수 있다.
반면, 리듬(rhythm)은 '소리 길이의 연속적 패턴'이라고 정의할
수 있다. 앞서 월드컵 응원 구호에서 보자면, '대-한'은 길고-짧
은(♩. ♪)의 패턴을 갖고 있다. 반면 '민국(♩ ♩)'은 같은 길이의
패턴을 갖고 있다. 리듬이란 뒤에 나오는 음보다 짧냐, 기냐, 같
으냐의 음의 상대적 길이의 차이에 관한 것이다. 그러므로 리듬
의 패턴은 속도가 빨라지나 느려지나 그대로다.

일러두기

---

1 이 책에 등장하는 인명과 지명을 비롯한 외래어는 국립국어원의 외래어표
   기법을 따랐다. 다만 일상적으로 널리 쓰여 이미 익숙한 용어가 있는 경우
   는 이를 따랐다.

2 본문에서 영화나 그림, 발레, 음악 등은 〈 〉로, 단행본과 정기간행물은《 》
   로 표기했다.

3 이 책에서는 '박자'를 주로 다루고 있는데, 그 자체로 한계가 있음을 알고
   있다. 박자만으로는 음악의 시간적 질서를 다 설명할 수 없다. '리듬'은 '박'
   이나 '박자'와 구별되는 또 다른, 어마어마한 세계다. 하지만 이 한 권의 책
   으로는 '박'과 '박자'에 관한 이야기만으로도 벅찼다. 다음 책에서 '리듬'의
   문제를 다루기로 한다.

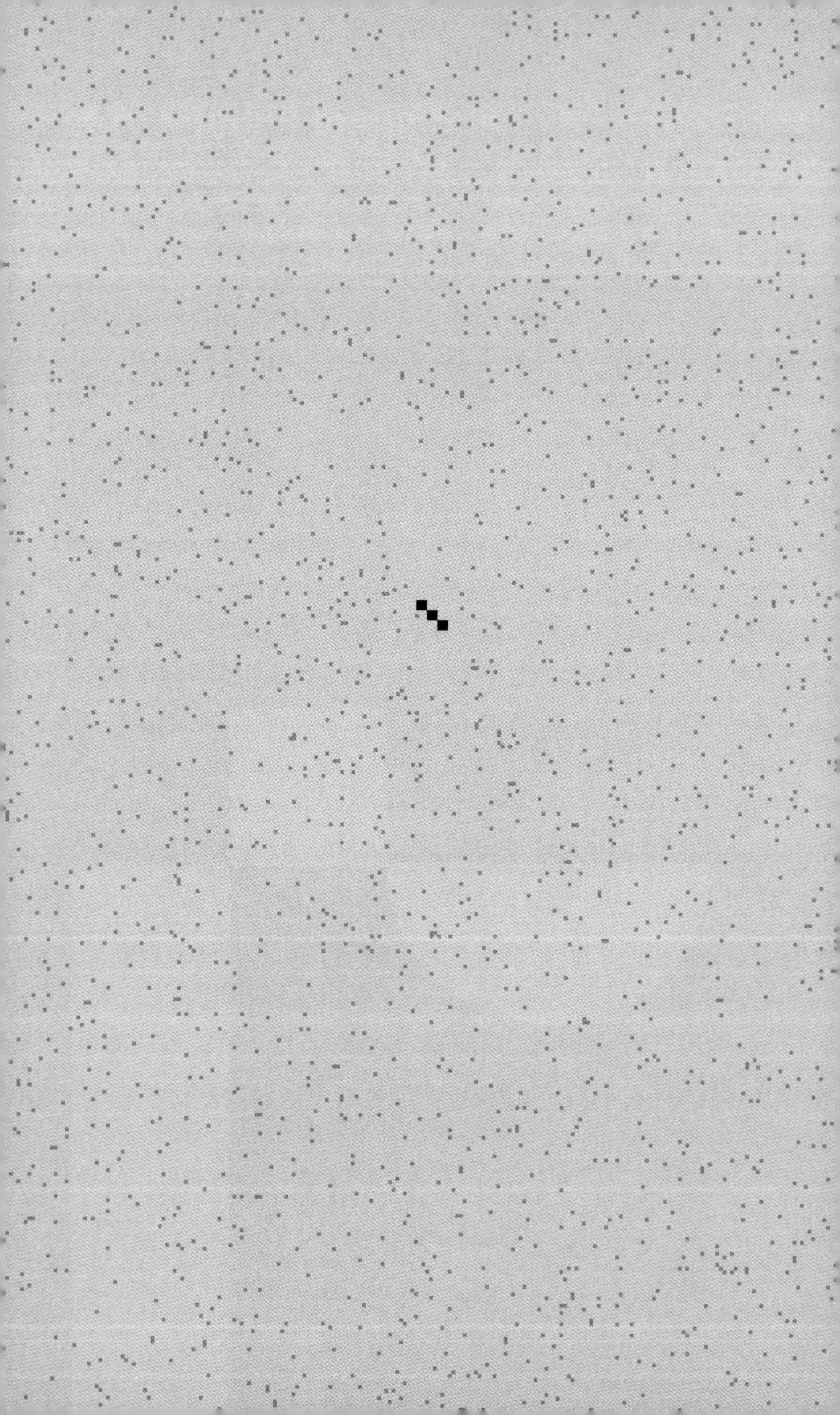

시간 간격에 대한 사람들의 지각

'소머즈'[1]가 아닌 한, 인간이 들을 수 있는 범위는 제한적이다. 우리에게는 가청 영역(20-2,000㎐)이라는 것이 있다. 널리 알려진 것처럼 소리는 공기의 진동이 귀에 전달되어 지각되는 현상이다. 우리 주변에 여러 종류의 진동이 있지만, 그 진동을 우리가 모두 소리로 느끼는 것은 아니다. 어떤 진동은 '소리'가 아닌 다른 방식으로 느낀다.

우리가 들을 수 있는 진동수에 생물학적 한계가 있는 것처럼, 우리가 한 번에 인지할 수 있는 시간의 길이도 한계가 있다. 너무 짧은 순간의 시차는 뭐가 먼저였는지 구별하지 못하고 동시에 일어났다고 생각한다. 또 너무 긴 시간 간격을 두고 일어난 사건도 연결해서 인지하지 못한다. 일반적으로 인지심리학에서는 이것을 다음과 같이 구분한다.[2]

- 0~2밀리세컨드: 이 사이에 일어난 연속적인 둘 이상의 사건
  은 동시에 일어난 것으로 파악한다.
- 2·3~20·40밀리세컨드: 시차가 있음을 약간 느끼지만, 뭐가
  먼저였는지는 거의 구별하지 못한다.
- 30밀리세컨드~3초: 연속적으로 일어난 사건들을 구별할 수
  있는 구간이다.
- 3초 이상: 연속된 사건으로 인지하지 못한다. 즉 다음 사건이
  언제 일어날지에 대한 '기대감'이 발생하기 어렵다. 단기 기
  억력의 한계와 관련이 있다. 우리가 지하철 도착 시간을 시계
  의 도움없이 예측하기 어려운 이유다.

여기서 '30밀리세컨드'와 '3초'가 중요한 경계선이다. 사
람들은 3초 내에 벌어진 사건들을 하나의 사건으로 인지한다.
예를 들어, 내가 친구에게 "저기 버스가 온다"라는 말을 한다
고 생각해보자. 사실 나의 발언은 "저" → "기" → "버" → "스"
→ "가" 순으로, 순차적으로 일어난다. 그럼에도 불구하고 내 친
구는 "저기 버스가 온다"를 한번에 알아들을 것이다. 내가 만
약 "저"를 발음하고 3초 뒤에 "기"를 발음하는 식으로 아주 느
리게 말한다면 그 친구는 내 말을 한 번에 알아듣기가 매우 힘
들 것이다. 그래서 프랑스의 심리학자 프레이스(Paul Fraisse,
1911~1996)는 30밀리세컨드에서 3초 이내의 사건들을 우리가
하나의 '형상(gestalt)'으로 파악할 수 있는 시간이라고 하여 '심
리적 현재(psychological present)'[3] 혹은 '지각적 현재(perceptual

present)'라고 불렀다.

심리학자들이 이 시간을 '심리적 현재'라고 부르는 것이 흥미롭다. 사실 상식적으로 보면 현재는 잡히지 않는 시간이다. 내가 현재라고 말하는 순간 이미 과거가 되어버리니까 말이다. 그런데 심리학적으로는 30밀리세컨드에서 3초 사이는 우리 지각이 동시에 하나의 형상으로 포착하는 시간이므로 '심리학적 현재'라고 말할 수 있다는 것이다. 즉 이 시간이 '현재'라는 인지의 칠판이 펼쳐져 있는 순간이라고 이해할 수 있다.

연구에 의하면, 이 심리적 현재가 포유동물류에게는 꽤 일반적으로 발견된다고 한다. 동물들의 '주의집중(attention)'의 자세가 몇 초씩 지속되는가를 영장류, 육식동물류, 소나 돼지 같은 우제류 등으로 나누어 조사했는데, 모두 약 1~4초 이내였다고 한다.[4] 사람들이 만나서 악수를 하는 시간도 대략 이 정도인 것으로 알려져 있다. 그래서 과학자들은 이 '약 3초'라는 절대적 한계가 진화의 매우 오래전 과정에서부터 형성되어 인간에게까지 이어진 생리적 현상으로 보고 있다.

어떤 자극, 혹은 자극의 연속이 하나의 사건으로 인지되기 위해서는 이 심리적 시간의 범위 내에서 발생하거나 변화해야 한다. 말이나 음악도 비슷하다. 말을 녹음하여 아주 느린 속도로 변형한 소리를 들어보면 무슨 말인지 그 의미를 잘 인식하지 못한다. 우리나라 전통음악 중에 양반들이 즐기던 '가곡'이 그렇다. '가곡'에서는 한 음절을 길게 뽑아 소리를 내는데 48초 동안 이어지기도 한다(가수는 중간에 살짝 숨을 쉰다. 그러

지 않으면 아마 숨이 넘어갈 테니까). '동차------ㅇ이------
ㅣ---바을가---- ㅏ---으----ㅆ―느------냐-----(동창
이 밝았느냐)'로 노래한다. 그러다 보니 가곡의 가사는 알아듣기
가 쉽지 않다. 가사 전달보다는 음악 자체가 던지는 유유자적
한 흐름을 느끼게 하려는 의도가 더 많다고 봐야 할 것이다.

그런데 주변에서 발생하는 사건들이 모두 3초 내에 일어
났다가 사라지지는 않는다. 오히려 연속적으로 발생하는 사건
들이 더 많다. 수렵 생활을 하고 있던 원시인의 경우를 상상해
보자. 뒤에서 뭔가가 다가오는 소리가 들리면 덜컥 겁부터 날
것이다. 그런데 우리 목은 360도 회전하지 않는다. 볼 수 없는
영역이 있다는 말이다. 아마도 소리로 적이 어디서, 어떻게 다
가오는지 추측해야 한다. 그 소리가 규칙적인 소리인지, 그 소
리가 점점 빠르게 나에게 다가오는 소리인지 재빨리 듣고 판
단하여 몸을 숨기든 도망가든 해야 한다. 그러므로 연속적으로
길게 발생하는 사건을 연결해서 인지하고 예측하는 일은 생존
에 매우 중요했을 것이 틀림없다.

그러자면 딱 3초 주의집중 후 에너지가 고갈되어버리면
곤란하다. 이 주의집중을 어떻게든 길게 끌어내야 하는데, 고조
된 상태로 긴 시간을 끌고가는 것은 너무 힘들고 효과적이지도
않다. 우리가 진화의 과정에서 만들어낸 마음의 기술은 주변의
주기적 변화에 맞춰 주의를 집중했다 풀었다, 다시 집중했다
풀었다를 반복하면서 다음 사건이 언제쯤 일어날지 예측하는
것이었다. 그 수단이 '박'이다.

〈동창이 밝았느냐〉

남창가곡 우조 초수대엽 〈동창이 밝았느냐〉를 이동규 선생의 창으로 들어보자.

가곡은 조선시대 양반들이 시조시를 가사로 하여 부르던 노래 양식 중 하나다. 시조는 보통은 '시조창'으로 불리기도 하지만 가곡의 가사가 되기도 했다. 가곡은 관현악 반주를 갖춘 전통 성악곡의 대표적인 장르로 예술적 가치가 높은 음악이다. 가곡은 남창가곡과 여창가곡이 있고, 선법에 따라 우조와 계면조로 된 가곡이 있다.

분명 한국말로 노래하고 있으나 그 내용은 알아듣기 힘들다. 그러나 천천히 묵직하게 울려퍼지는 소리의 변화를 따라가다 보면 경험해보지 못한 평안과 여유가 느껴질 것이다.

〈동창이 밝았느냐〉

박은 왜 우리 마음속에 생기나?

박을 만들어내는 기술① : 주의집중(attention)

'주의집중'이란 한 곳을 응시하거나 하나의 사건에 골몰하는 것을 말한다. 여러분은 음악 소리로 가득 찬 클럽에서 주변이 너무나 시끄러운 데도 맘에 드는 상대방이 나에게 말 거는 소리가 또렷하게 들리는 기이한 현상을 알고 있을 것이다. 주변 소리들은 점점 페이드 아웃되면서 그녀의(혹은 그의) 소리만 또렷하게 들린다. 소위 '칵테일 효과'라고 부르는 이 현상은 우리 인지의 '선택적 집중' 능력을 잘 보여준다.

그런데 음악에서의 박을 연구하는 과정에서 몇몇 학자들은 인간의 주의집중이 '리듬적'이라는 사실을 발견했다. 이를 '역동적 주의집중 이론(Dynamic Attending Theory)'[5]이라고 한다. 학자들은 우리 뇌의 활동이 본질적으로 리드미컬하고 외부의 리듬을 들을 때 그 리듬에 뇌의 신경세포들이 동조한다는 사실을 밝혀냈다. 그래서 시간이 흘러가는 가운데 집중의 에너지가 증가하다가 감소하는 활동이 심장의 박동처럼 주기적으로 나타난다는 것이다. 앞서 인간을 포함한 포유동물의 주의집중 능력이 '최대 3초'라고 이야기한 바 있다. 인간은 이 주의집중의 에너지를 증가시켰다가 감소시켰다가 하는 방식으로 이 3초짜리 주의집중력을 꽤 긴 시간까지 끌어올린다. 이 과정을 조금 더 자세히 살펴보면 이렇다.

세면대 수도꼭지에서 물이 한 방울씩 떨어지는 상황을 상상해보자.

"똑, 똑, 똑, 똑, 똑, 똑, 똑, 똑, 똑, 똑"

여기까지 소리가 나고 나면 우리는 다음 '똑'이 기다려진다. 기대감 때문이다. 기대감이 왜 생기냐 하면, 바로 그 시점에서 우리의 주의집중이 최고로 증가하기 때문이다. 다음 사건이 일어날 것을 기대하면서 그 시점에 가까이 갈수록 점점 주의집중의 에너지가 증가하다가 내 예측과 사건의 발생이 실제로 일치하는 순간 안도하면서 주의집중의 에너지가 뚝 떨어진다. 그리고 다시 다음 사건을 예측하면서 에너지는 증가한다. 이 과정을 그래프로 그려보면 다음과 같다.

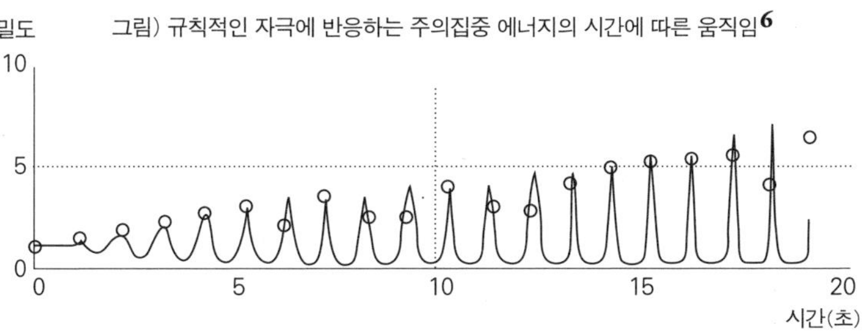

여러 실험 결과에 따르면 우리의 마음 안에서 박을 만들어내는 속도는 200밀리세컨드에서 2~3초[7]로 알려져 있다. 아무리 빠른 음악도 두 소리 간의 간격이 200밀리세컨드 이하면 '박'으로 느끼지 못하고, 너무 느려서 2~3초보다 길면 또한 '박'으로 느끼지 못한다. 단, 아주 느린 음악이지만 음악적 문맥 내에서 박과 박 사이를 채우는 소리가 존재하거나, 이런 느린 음악에 훈련이 많이 된 경우에는 더 긴 소리를 '박'으로 느끼기도 한다.

박을 만들어내는 기술②: 기대감

어떤 사건이 시간적으로 연속해서 일어나면, 그리고 적당히 규칙적으로 발생하면 우리에게는 '다음 시점에 대한 기대감'이 생긴다. 그래서 우리는 이 기대감이 적중했을 때 그 박동을 강화하고, 예상이 빗나갔을 때는 재빠르게 수정한다. 그렇다면 얼마나 규칙적이어야 할까? 기대감이 만들어지기 위해서는 아주 엄격하게 규칙적일 필요는 없다. 예를 들어 사람들은 점점 빨라지는 리듬에 대해서도 기대감을 갖는다. 농구 선수가 드리블할 때 공의 튀어오름이 점점 느려지거나 점점 빨라질 때 얼마나 잘 적응하는지 생각해보라. 또 사람들은 3+2+2 식의 불규칙 리듬패턴에서도 쉽게 기대감을 갖는다. 여러 나라의 민속음악에서 이러한 사례를 볼 수 있다. 그러나 아주 먼 시간 간격에 대해서는 기대감이 잘 생기지 않는다. 지하철 도착 시간도 규칙적이라고 할 수 있지만, 시계와 같은 도구의 도움 없이 다음 지하철이 언제 올지 정확히 맞추기는 불가능에 가깝다. 하다못해 신호등 불빛이 바뀌는 시간도 아무 힌트 없이 딱 맞추기는 쉽지 않다. 단, 신호등에서 15… 14… 13… 12… 이런 식으로 남은 시간을 세어줄 때는 가능하다. 박을 세거나 일정한 간격으로 숫자를 세는 행위는 어떤 긴 시간을 우리가 쉽게 측정하도록 도와준다. 실제 연구 결과를 보면, 박자를 느낄 때 사용되는 뇌 부위와 숫자를 셀 때 사용되는 뇌 부위가 유사하다.[8] 그러니까 박을 셀 수 있고 느낄 수 있는 능력이 꼭 음악을 잘하기 위해서 생긴 것은 아닌 것 같다.

'박'은 음악이 갖고 있는 속성이 아니라 계속 변화하는 세계를 이해하기 위한 수단으로, 마음이 진화시킨 특별한 능력이다. 음악은 소리의 시간적 변화 그 자체이므로 음악을 이해하기 위해 우리 마음이 '박을 세는 능력'을 적극적으로 사용하는 것은 너무나 당연하다. 세상의 99% 음악에서 인간은 박을 느낀다(박이 느껴지지 않는 나머지 1% 음악에 대해서는 4장을 참조). 혼자서 노래를 흥얼거릴 때도 박을 세고 있고, 여러 사람들과 앙상블을 즐길 때에도 다른 사람과 박을 공유하며 함께 시간을 맞춘다.

규칙적인 사건과 불규칙적인 사건
영화 〈8마일〉

힙합 가수 에미넴의 자전적 스토리를 바탕으로 만들어진 커티스 헨슨 감독의 〈8마일〉(2002)은 인기 있는 힙합 영화 중 하나다. 에미넴이 직접 주연을 맡아 화제가 되기도 했다. 영화의 주제음악 〈lose yourself〉[9]는 워낙 인기 있었던 곡이기도 하고 아카데미에서 주제가상을 받기도 한 음악이다. 주인공 지미는 가난한 백인 가정에서 술에 찌들어 사는 엄마를 대신해 어린 동생과 가정을 책임지고 있다. 지미의 유일한 꿈은 래퍼가 되는 것. 영화의 제목 〈8마일〉은 디트로이트를 도시와 주변도시로 나눈 '8마일 로드'를 지칭하는데, 이는 '부유층과 빈곤층을 나누는 경계'의 의미도 동시에 갖고 있다. 디트로이트 8마일 313구역 힙합 클럽에서 벌어지는 랩 배틀, 단 45초 안에 상대를 쓰러뜨려야 최고가 된다. 처음에는 주인공이 처참하게 실패한다. 그러나 영화 마지막 즈음에는 랩 배틀에서 아주 멋진 곡으로 승리한다. 이 랩 배틀을 한번 감상해보라. 말과 랩 사이에 차이는 무엇인가? 랩은 대개 '비트를 줘(drop the beat)'라는 말과 함께 시작한다. 말을 강박과 약박 패턴의 뚜렷한 규칙성 위에 얹으면, 그리고 거기에 가사의 '라임(운)'을 맞추면 '랩'이 된다. 말보다 더 뚜렷한 규칙성이 바로 '비트'다. 위의 랩 배틀도 비트 위에 얹혀 있다.

래퍼에게 아무 책이나 펴서 랩으로 읽어보라고 하는 동영상이 있다. 그냥 집어올린 책이 철학자 니체에 관한 책이라 할지라도, 그중 아무 페이지나 열어서 나오는 부분을 바로 랩으로 노래할 수 있다. 말이 비트에 올라타면서 랩이 되었다.[10]

세상에서 벌어지는 모든 사건들은 시간상 아주 규칙적인 것에서부터 아주 규칙적이지 않은 것 사이 어딘가에 속한다. 말이나 음악, 제스처 등은 비교적 규칙성을 띤 시간적 구조를 갖고 있다. 규칙적인 것은 시간적 예측을 가능케 한다. 시간적 예측성이 가능한 것은 '높은 연결성을 갖는 사건'이라고 하고 그 반대는 '낮은 연결성을 갖는 사건'이라고 한다. 연결성이 낮은 사건들은 연관성 없는 단어들의 나열이나 칵테일 파티에서 동시에 떠드는 대화 등을 예로 들 수 있는데, 이것은 거의 구조적 예측성을 포함하고 있지 않으며 제멋대로의 시간적 거리에서 펼쳐진다. 예측성이 강한 사건을 만나면, 우리의 뇌는 재빨리 다음 사건을 예측하는 놀이를 시작한다. 그러나 시간적 간격이 제멋대로인 사건을 만나면, 미래를 예측하는 것보다는 현재의 변화에 집중한다. 그러므로 사건의 시간적 구조가 우리의 주의집중 방식을 결정하는 데 상당한 영향을 미친다고 할 수 있다.

사람들은 외부에서 주는 이러한 여러 가지 큐 싸인의 어디에 우리의 주의집중 에너지를 맞출지 찾아 그 지점에 주의를 집중하고 다음 사건이 언제 일어날지 예측한다. 박의 인지에서 앞장에서 말한 '주의집중'이니 '기대감'이니 하는 것은 '위로부터의 과정(top-down)'이라고 한다면, 외부의 큐 싸인에 즉각적으로 반응하는 것은 '아래로부터의 과정(bottom-up)'이라고 말할 수 있다. 외부의 자극으로부터 규칙성을 발견하고 미래를 예측하면서 동시에 외부 자극과 나의 예측이 맞지 않으면, 재빨리 나의 예측을 수정한다. 그러니 박은 이 두 과정이 상호작용하여 만들어내는 현상이라 할 수 있다.

말과 음악은 모두 규칙성이 느껴지는 사건에 속한다. 하지만 말과 음악, 두 가지만을 비교해보면 음악이 말보다는 더 규칙성에 가깝다. 물론 말에서도 '등시성'이 있는데, 이를 '운율(meter)'이라고 한다. 운율은 시문학에서 자주 사용되는 개념이다. 음악에서는 meter를 '박자'라고 번역한다. 사실 음악의 '박자' 개념은 시문학에서 빌려온 개념이다. 시에 운율이 있다 해도 음악처럼 박이 분명하게 느껴지지는 않기 때문에 말의 리듬은 '준-주기적(quasi-periodic)'이라고 한다. 그러나 대체적으로 그렇다는 것이지 실제로는 말에도, 음악에도 다양한 리듬의 스펙트럼이 존재한다. 말의 예를 살펴보면, 친구들과 수다할 때와 연설할 때의 리듬은 완전히 다르다.

우리는 연설을 할 때 훨씬 더 천천히, 강약을 넣어서 말한다. 산문보다는 시가 훨씬 더 강한 리듬감을 갖는다. 또 초등학교 아이들이 동시에 책을 소리내서 읽을 때나 스님이 목탁을 두드리며 법문을 낭독하는 경우에는 일정한 박이 느껴진다. 말에서 규칙적 박이 뚜렷하게 느껴지는 정도에 따라 점점 음악에 가까워지고, 음악도 박이 덜 느껴지는 음악은 말에 더 가깝다. 서양의 중세 〈그레고리오 성가〉는 음악이지만 박을 느끼기가 쉽지 않다. 이 노래는 말하는 듯한 리듬을 갖고 있기 때문이다.

　　우리나라 판소리는 역사가 오래된 랩이다. 랩처럼 비트도 있고 라임도 있다. 가사의 의미로 볼 때는 랩보다 더 밝고 해학적이고 덜 공격적이다. 음악적 구성의 다양성 측면에서도 랩보다 더 다양하면 다양했지, 절대 못하지 않다. 남상일이 부르는 〈흥보가〉 중 '박 타는 대목'을 앞의 랩과 비교해서 들어보면, 아마도 무릎을 탁 칠 것이다. '아니리(노래하는 사람이 '말'로 사설을 이야기하는 부분)'에서 이미 일상적인 어조를 넘어서서 리듬과 굴곡이 강조된 투(음악적인 어조)로 이야기한다. 그러다 "박을 한번 타 보난디"라고 하면, 고수가 "어이"를 외치며 북을 친다. 여기가 바로 비트가 시작되는 대목이다. 그리고는 이야기의 전개와 딱 맞아떨어지는 느린 진양 장단에서 아주 빠른 휘모리 장단까지 이어지는 속도감과 가사의 재미진 구성은 정말 탁월하다. 에미넴의 랩 배틀과 비교해서 들어보면 재밌을 것이다.

7685381972941632

이 숫자를 외워야 하거나 누군가에게 불러줘야 할 때, 나는 셋, 또는 넷으로 나누어 읽는다. '7685 3819 7294 1632' 이렇게 말이다. 내가 특히 넷씩 묶어서 구분하는 것은 그게 익숙해서일 것이다. 우리 전화번호나 자동차 번호판 등이 넷씩 구분되어 있다. 외국에는 전화번호가 다섯 자리이거나 여섯 자리인 나라도 있다. 몇 개씩 묶든, 이렇게 개체들이 많은 경우 묶음으로 구분할 때 훨씬 쉽고 빠르게 이해할 수 있듯이, 시간적 사건이 연속적으로 나타날 때도 우리는 재빨리 묶음을 만들어내는 마음의 속성을 갖고 있다.

다음의 소리를 들어보자. 이 물 떨어지는 소리가 어떻게 들리는가? 만약 세 개씩 묶여서 들린다면, 이번에는 의식적으로 두 개씩 묶어서 

들어보자. 그럼 또 2박자처럼 들린다.

소리에 맞춰 몸을 움직이면 느낌은 더 강화된다. 들으면서 오른손 주먹을 폈다 쥐었다 폈다 쥐었다를 반복해보자. 그러면 둘씩(혹은 넷씩) 묶어서 들릴 것이다.

첫 번째 '똑'이 더 큰 소리로 떨어지는 게 아님에도 불구하고 우리는 둘씩 묶어서 듣게 되고, 그러다 보면 묶음의 첫 번째 박이 강하게, 혹은 크게 울리는 것처럼 들린다.

이번에는 같은 소리를 들으며 '주먹1, 주먹2, 손바닥3' 운동을 반복해보자.

그럼 셋씩 묶여서 들릴 것이다. 이번에도 묶음 중 첫 박이 크게 들릴 것이다. 우리는 규칙적 박을 그냥 연속적인 박으로만 지각하지 않고 몇 개의 그룹으로 나누어서 들으려는 경향을 갖는다. 어떻게? 그 그룹의 첫 번째 박을 살짝 강하게 들리는 것으로 착각함으로써. 어떤 때는 2박자로, 또 어떤 때는 3박자로 묶어서 듣는다. 외부 신호음의 세기가 달라져서가 아니다. 우리 마음이, 우리 뇌가 그렇게 듣는다. 그리고 그 착각은 행위를 동반하면서 더 강화된다. 그래서 주먹을 쥐었다, 폈다 하면 2박자로, 주먹을 쥐었다, 쥐었다, 피면 3박자로 들린다. 실제로는 동일한 소리의 나열이지만 우리 마음이 둘, 또는 셋씩 묶어서 들으려는 현상을 주관적 리듬화(subjective rhythmization), 또는 주관적 박자화라고 한다.

그렇다면 사람들은 어떤 단위로 묶을까? '하나'만으로는 묶인다고 할 수가 없고 둘 이상은 되어야 한다. 그런데 세 개 이상부터는 다 둘, 또는 셋으로 나누어진다. 예를 들어 4는 2+2로 묶일 수 있고, 5는 2+3 혹은 3+2로 묶일 수 있다. 6은 3+3 혹은 2+2+2로 묶일 수 있다. 이와 같이 2나 3이 묶음의 가장 작은 정수 단위이다. 실제로 음악에서 4/4박자는 '2박+2박'으로 묶여서 들린다. 6/8박자는 '3박+3박'으로 들린다. 가끔 '2박+2박+2박'으로 묶여서 들리는 경우도 있다. 9/8박도 실제로는 3+3+3으로 묶여서 들린다. 그래서 음악이론에서는 이 세상의 음악을 크게 볼 때, 2박자계와 3박자계, 그리고 2박자와 3박자가 혼합되어 있는 혼합박자계(5/4박자, 7/8박자 등)로 나눈다.

박자는 이렇게 박이 묶이는 방식을 말한다. 박자는 연속적으로 펼쳐지는 박을 조직하여 듣고자 하는 우리의 심리적 속성 때문에 생겨난다. 이것을 '박자감'이라고 한다. 여기서 박이 묶인다는 것은 더 힘이 센 것이 생기면서 그것을 중심으로 힘이 약한 다른 것들이 그 밑으로 들어가는 방식을 말한다(여기서 힘이 세다는 것은 우리의 '주의집중 에너지'가 거기로 몰린다는 뜻이다). 즉 우리는 박을 위계적으로 듣는다. 예를 들어, 3/4박자는 '강, 약, 약'으로 구성되어 강박을 중심으로 나머지 2개의 약박들이 하나의 그룹으로 묶이는 것이다.

우리 마음속에 자동적으로 생기는 악센트로 인하여 강박과 약박이 구분되면서 동일하던 박의 나열에 갑자기 시간적 위계질서가 만들어진다. 그러니까 박자감은 우리 마음이 세상을 빨리 파악하기 위한 일종의 전략이다. 앞서 수돗물의 예에서처럼 아무 힌트가 없을 때는 우리 마음이 스스로 만들어내기도 하지만, 또 다른 경우는 외부 정보가 갖고 있는 특징으로부터 힌트를 받기도 한다.

이문세의 〈옛사랑〉(1991)이라는 노래 첫 구절의 가사는 "남들도 모르게 서성이다 울었지"다. 이 노래는 각 어절마다 끝 음절을 길게 끄는 리듬을 갖고 있다. 즉 "남들도"는 ♪♪♩의 리듬으로, "도"의 음절이 "남"이나 "들"보다 길다. "모르게"의 리듬도 동일하다. 그러니 리듬은 이렇게 될 것이다(원래의 리듬을 단순화시킨 것임).

♪♪♩ ⁊ ⁊ ♪♪♩ ⁊ ⁊ ♪♪♩ ♩ ⁊ ♪♪♩

남들도　　모르게　　서성이 다　　울었지

각자 한번 불러보라. 내 힘이 어디에 모여지는지? 주변음들보다 긴 음에 해당하는, 남들'도' 모르'게' 서성'이'다 울었'지'에 힘이 모인다. 그게 자연스럽다. 반대로 첫음에 힘을 주어 노래를 불러보면 어색할 뿐만 아니라 잘 되지도 않는다. 주변음들보다 긴 음은 태생적으로 우리 마음에 강한 힌트를 준다. '거기에 주의집중의 에너지를 일치시키라'고 말이다. 만약 이 긴 음이 규칙적으로 나타난다면 우리의 마음은 거기를 중심으로 다른 음들을 묶기 시작한다.

상대적으로 긴 음과 함께, 주변음보다 상대적으로 높은음 역시 좋은 큐 싸인 중 하나다. 높은음을 부르려면 당연히 많은 에너지가 필요하기 때문에 우리의 주의가 거기로 모이게 된다. 다음의 악보는 베르디의 오페라 〈라 트라비아타(La traviata)〉 중 널리 알려진 곡 '축배의 노래'다.

악보) 축배의 노래 (높은음)

이 노래의 첫음 다음에 팍 차고 들어오는 높은 D음(별표) 때문에 이미 게임은 끝났다. 이 음이 강박일 수밖에 없다. 그러니 가장 첫 음인 F음은 처음에 있다 할지라도 힘을 받지 못한다 (이 곡의 한글 가사는 잊어버리시라. 선율의 강세와 우리말의 강세가 들어맞지 않아서 노래를 불러보면 영 어색하다).

　이처럼 자신을 강박으로 인정해달라고 요구하는 소리 자극들이 존재한다. 상대적으로 긴 음, 상대적으로 높은음, 그리고 상대적으로 소리가 큰 음 등이 그러하다. 그러한 소리 자극들의 큐 사인에 맞추어 우리들은 마음의 박을 조율하게 된다. 그들의 타이밍을 감지하여 규칙성을 찾아낸 후, 우리 마음은 기꺼이 주의집중의 리듬을 거기에 맞추게 된다. 그렇게 다음에 나올 박을 예측하고 그 예측이 맞아떨어지면, 강력하게 내 몸과 함께 쿵쿵거리고 그 예측이 어긋나면 다시 수정하는 방식으로 외부 세계의 소리와 상호작용하는 것이다.

〈엘리제를 위하여〉가
2박자로 둔갑한 사연

우리나라에서 초인종음으로 가장 많이 쓰이고 있는 〈엘리제를 위하여〉(베토벤 작곡) 시작 부분이다. 너무 유명한 곡이지만 정식 연주는 들어볼 기회가 많지 않았을 것이다. 잘 기억이 안 난다면, 위 유튜브 연주를 한번 들어보면 좋겠다.

악보) 〈엘리제를 위하여〉 시작 부분 (오른손)

위 악보는 처음 왼손 반주가 들어오기 전까지의 오른손 악보다. 이 부분만 들으면, 이 곡이 몇 박자인지 짐작하기가 쉽지 않다. 애매모호하게 휘리릭 지나간다. 그렇다면 이 부분을

슬로우 모션을 걸듯 한번 천천히 들어보자. 그러면 16분음표가 2개씩 묶인 것처럼 들릴 것이다. 왜냐하면 제일 높은 소리(E음)가 두 음에 한 번씩 나타나기 때문이다. 아마 이렇게 묶여서 들릴 것이다.

악보) 〈엘리제를 위하여〉 시작 부분 (오른손-묶음)

이렇게 들으면 16분음표를 2개씩 묶어서 듣는 셈이 된다. 이렇게 계속 듣는다면, 아래 악보에 V로 표시된 것처럼 묶어서 듣게 될 것이다. 그러나 왼손의 반주를 듣게 되면 마음이 흔들리기 시작한다. 두 번째 마디에 왼손 세 음이 들어오고 이를 오른손 세 음이 받으면서 악보에 O로 표시된 것처럼 16분음표가 셋씩 묶여서 들리기도 하는 것이다.

악보) 〈엘리제를 위하여〉 시작 부분 (오른손＋왼손)

〈엘리제를 위하여〉의 음악을 손가락으로 두드리면서 들어보자. 나는 이 곡을 셋씩 묶어서 듣고 있는가, 아니면 둘씩 묶어서 듣고 있는가? 만약 3박자로 듣고 있다면 당신은 위 악보의 위쪽에 표시된 박(✓)으로 듣고 있는 중일 것이다. 그렇다면 한번 악보의 아래쪽에 표시된 것(O)처럼 2박자로 들어보라. 아마 처음엔 약간 이상하게 느껴질지 모르지만 곧 익숙해질 것이다. 만약 처음부터 2박자로 들렸다면, 거꾸로 악보의 위쪽에 표시된 박으로 한번 들어보라.

이 곡은 8분음표를 3개씩 묶은 3/8박자다. 악보에 표시된 박자표대로라면 3박자(✓)로 듣는 것이 맞다. 그러나 두 번째 마디에 왼손 세 음이 들어오고 이를 오른손 세음이 받으면서 아래 표시된 것처럼 2박(O)으로 들리는 이상한 혼란에 봉착하게 된다. 네커의 정육면체(Necker's cube) 같은 것이다.

앞 장에서 말한 것처럼 강력한 특징, 예를 들어 음의 세기나 음의 높이 등 상대적으로 강한 에너지를 갖은 신호가 등장하면 그 신호를 중심으로 묶음이 재편된다. 처음 들었을 때 이 곡은 두 음씩 묶여서 들리지만, 두 번째 마디부터는 묶음의 재편이 일어난다. 왼손 세 음씩, 오른손 세 음씩 등장하다 보니 두 음씩 묶여서 들리다가도 점점 세 음씩 묶여서 들리기도 하는 애매한 상태가 된다.

이럴 때 사람들은 '부유하는' 듯한 느낌을 받는다. 마음을 둘 곳이 없어서다. 베토벤은 이런 박자적 중심이 애매한 상태를 자주 곡에 이용했다. 그의 〈피아노 소나타 17번 op.31, no.2〉,

일명 '폭풍(Tempest)'의 3악장도 3묶음과 4묶음이 교차하면서 이렇게 들렸다, 저렇게 들렸다 한다. 마음속에 묘한 아스라함을 만들어내는 음악이다.[11] 그래서 스산한 바람 불고 마음 둘 곳 없을 때, 이 곡을 들으면 기가 막히게 좋다!

나는 〈엘리제를 위하여〉에 얽힌 뜻밖의 경험을 한 적이 있다. 놀이터에서 초등학교 아이들이 놀고 있었다. 두세 명이 모여 모래성을 쌓고 이것저것 아기자기한 자기들만의 왕국을 만들어놓고 있었는데, 다른 친구가 불러 잠깐 자리를 비운 사이, 아장아장 걷던 아기가 엄마가 말릴 새도 없이 그 모래성으로 돌진하여 남김없이 아작을 냈다. 금방 다시 돌아온 아이는 망가진 모래성을 보더니 얼굴이 하얘지면서 갑자기 〈엘리제를 위하여〉의 앞부분을 외치는 거였다. 이렇게 말이다.

"띠로리로 띠로리로리!"(아주 비극적으로, 탄식하듯!)

악보) 〈엘리제를 위하여〉의 아이들 버전

나는 이 현상이 매우 흥미로웠다. 아니, 이 상황에서 우리 아이들이 어떻게 〈엘리제를 위하여〉를 떠올리지? 아마도 이 음악이 우리나라에서 가장 흔하게 들리는 초인종 음악이기 때문에 이 소리를 듣고 집안에 있던 아이들이 자주 놀랬던 기억이 있어서일지 모르겠다. 또는 이 음악이 우리나라 트럭이 후진할 때 많이 나오는 음악이기도 해서 뭔가 사태가 여의치않거나, '주의'나 '경고'를 요할 때 쓰는 것으로 각인되어 있어서일지도 모르겠다. 그러나 무슨 이유에서건 흥미로운 일이었다.

틀림없이 베토벤도 이 사실을 알았다면 꽤 재미있어 했을 것이다. 게다가 이 아이들이 부른 "띠로리로 띠로리로리"는 확실한 2박자다. 베토벤의 의도 따위는 고려할 필요가 없었다.

박자는 박의 위계적 구조다. 사람들은 박을 위계화시킬 수 있는 능력을 갖고 있다. 하나 둘 하나 둘… 이렇게 연속적으로 규칙성을 갖는 사건을 만나게 되면, 그 박을 둘 또는 셋으로 묶어서 듣는다. 이것이 박의 위계적 구조, 즉 박자다. 박자의 위계적 구조는 가장 단순하게는 '박'의 펼쳐진 층위와 묶인 층위로 구별된다. 이렇게 말이다.

하나　　둘　　　하나　　둘　　──── 묶인 박의 층위
하나 둘 하나 둘 하나 둘 하나 둘 ──── 펼쳐진 박의 층위

묶인 박의 층위를 '상위 박 층위'라고 하고 펼쳐진 박의 층위를 '기본박 층위'라고 한다. 이렇게 2개의 층위로 나누어지는 것이 가장 단순한 박자 구조다. 그러나 음악을 듣다 보면 박

을 느끼는 층위는 이보다 더 여러 개가 생기게 된다. 널리 알려진 가요 〈상록수〉를 예로 들어보겠다.

처음 이 노래의 시작 부분, "저 들 에…"를 들으면 규칙적 박이 들린다(○: 기본박 층위). 곧이어 "푸 –르 른"을 듣게 되면 기본박을 반으로 쪼개어 세게 되고(*: 하위박 층위), 노래가 지속되면 박이 4개씩 묶인다는 것을 느낀다(◎: 상위박 층위). 즉 기본박(○)을 중심으로 한편으로는 아래로 박을 나누어 하위 층위의 분박을 느끼고(*), 다른 한편으로는 위로 박을 묶어서 상위 층위의 박(◎)을 느끼게 된다.[12]

진행 순서는 음악에 따라 다를 수 있다. 아주 잘게 쪼개진 리듬을 가진 음악은 제일 낮은 단계에서부터 묶여, 상위 레벨의 박으로 진행될 수도 있고 그 반대일 수도 있다.

우리는 음악을 들으면서 여러 층위의 박을 느낀다. 이것은 우리에게 박의 구조를 추상화해내는 인지적 능력이 있기 때문이다. 훈련이 잘 되어 있을수록 더 빠르게, 더 여러 층위의 구조로 추상화할 수 있다. 음악가들이 잘하는 것은 박을 정확하게 맞추는 능력이라기보다는 이 추상화를 잘하는 능력이다. 박자적 구조를 파악하고 있는 사람은 다음 박에 대한 예측이 빠르다. 따라서 파악된 예측에 따라 타이밍상의 여유를 더 자유롭게 누릴 수가 있다. 신경과학 분야의 연구에서도 이를 뒷받침하는 연구 결과가 나왔다.[13] 음악가와 일반인의 박자 처리에 관여하는 부위를 기능성 자기공명영상(fMRI)를 통해 조사했는데, 음악가는 일반인에 비해 전두엽을 훨씬 더 많이 사용하는 것으로 나타났다. 음악가는 작업 기억의 도움을 받아 전두엽을 활성화하여 박자의 구조를 추상하고, 기대를 벗어나거나 환경이 변하면 재빨리 재정립하는 능력이 뛰어나다는 뜻이다.

박치(beat deaf)는 박의 인지와 박에 맞춰 행동함에 결함을 갖고 있는 경우를 말하는데, 드물지만 분명히 존재한다. 이에 대한 연구가 많진 않지만 2013년에 수행된 연구에 따르면, 99명의 모집단에서 7명이 박에 맞추는 행동을 잘 못하는 것으로 나타났다.[14] 이들 7명은 음악의 박에 맞춰 고개를 끄덕이지 못했고, 춤 추고 있는 댄서들이 박에 잘 맞춰 추고 있는지 아닌지도 판단하지 못했다.[15] 개별 사례에 따라 결함의 양상이 조금씩 다르긴 하지만 대체로 그들은 음을 지각하는 데 문제가 없었다. 또한 신체 협응이나 말(speech)처럼 음악이 아닌 다른 리듬적 행동에서는 심각한 결함을 보이지 않았다. 그들은 메트로놈에 맞춰서 손가락을 위아래로 탭하는 동작도 할 수 있었다. 다만 방해가 일어났을 때 메트로놈에 다시 손가락 움직임을 맞추기까지 보통 사람들보다 훨씬 많은 시간이 필요했다. 지금까지 발견된 사례들의 경우를 보면 음악에서의 박자인지는 뇌에서 음높이 인지에 사용되는 영역과 다른 곳에서 관장하고 있음은 말할 것도 없고 단순한 리듬 인지와도 구별된다는 것을 알 수 있다. 특히 보고된 사례들은 거의 대부분의 음악에서 박을 찾는 것에 큰 어려움을 겪었으나 메트로놈에 반응하는 것은 가능했고 말의 리듬을 따라하는 것에도 전혀 문제가 없었다. 다만 속도가 변하거나 방해가 발생했을 때 다시 적응하는 데 많은 시간과 에너지가 필요했다. 즉 4세 이하의 아기들이 보여주는 반응과 유사한데, 이는 음악의 박이 메트로놈의 박처럼 단순반응해서 될 일이 아니라 여러 층위에서 발생하는 구조를 재빠르게 구조화해야 하기 때문이다. 연구자들은 박치가 이 부분에서 선천적인 결함을 갖고 있는 것으로 보고 있다.[16]

쌀밥-보리밥 게임, 그리고 스트라빈스키

'쌀밥-보리밥' 놀이를 해본 적 있을 것이다. 이 놀이는 공격과 수비 두 사람이 하는 놀이로, 공격수는 주먹을 쥐고 수비수가 두 손을 펴서 둥글게 만든 구멍에 주먹을 천천히 갖다 대면서 '보리밥'을 외친다. 공격수가 '보리밥'을 외쳤을 때는 수비수가 두 손을 오므려 주먹을 잡아 봐야 소용없다. 공격수가 '쌀밥'을 외칠 때 두 손을 오므려 주먹을 잡아야 한다. 주먹이 잡히면 게임은 끝나고 공격수와 수비수가 바뀌어 다시 게임이 시작되는 방식이다. 대개 공격수는 천천히 '보리밥!'을 외치며 같은 동작을 반복한다. 이 동작이 충분히 규칙적으로 익숙해져서 상대방이 다음 주먹이 들어올 타이밍을 예상할 수 있게끔 되었을 순간, 갑자기 '쌀밥!'이라 하며 순식간에 주먹을 밀어넣었다 빼야 한다. 이 게임의 핵심은 상대방의 허를 찌르는 것이다. 규칙적인 사건을 충분히 지속함으로써 예측 가능하게 만든

다음, 그 기대를 시간차 공격으로 허물어뜨리는 것에 승패가 달려 있다.

기대하지 않았던 곳에서 훅 치고 들어올 때 놀람의 효과, 즉 '쌀밥-보리밥' 효과는 스트라빈스키(Igor Stravinsky, 1882~1971)의 〈봄의 제전(Le Sacre du printemp)〉(1913)에 나오는 '봄의 전조, 십대들의 춤(Les Augures printaniers, Danses des adolescents)'에서 음악적으로 가장 잘 보여주고 있지 않나 싶다. 스트라빈스키의 〈봄의 제전〉은 클래식 음악 전체를 통틀어 아마도 가장 리드미컬한 곡 중 하나일 것이다. 이 작품은 봄을 맞기 위해 처녀를 제물로 바치고 그녀는 죽을 때까지 춤을 춰야만 한다는 내용의 작품이다. 아주 오래전 러시아에서는 봄이 그렇게 힘들게 왔었던 모양이다. 봄을 기다리며 추는 춤, 고대 러시아 부족은 어떤 리듬으로 봄을 맞이했을까?

악보를 보면, 이 곡은 2/4박자로 표기되어 있기는 하지만 인위적으로 강세의 위치가 이동되어, 강박이 규칙적이지 않은 방식으로 출현한다. 첫 강세로부터 9번째 음에 강세가 붙고 다시 그 음에서 두 번째 음에 강세가 붙는 식이다. 이를 나열해보면 이런 숫자가 연결된다. 9-2-6-3-4-5-3

20세기 뛰어난 음악가였던 피에르 불레즈(Pierre Boulez, 1925~2016)는 이를 (9-6-4-3)과 (2-3-5)로 분류하고 두 그룹의 변화가 (-3, -2, -1 & +1, +2) 라는 규칙에 의한 것이라고 분석한 바 있다.[17] 그러나 음악이 원시적으로 강렬하게 들리는 것은 숫자의 나열 순서에 무슨 큰 비밀이 있어서는 아닌 것 같다. 그보다는 강세가 기대하는 자리에 오지 않고 불쑥불쑥 튀어나오는 '쌀밥-보리밥'의 효과를 잘 알고 있는 작곡가의 음악적 본능이 만들어낸 쾌거라 할 수 있다. 리듬이 일정한 팔분음표로 연속되기 때문에 매우 규칙적일 것 같은 인상을 주지만 막상 강세의 등장 순서는 시종일관 규칙이 정착되지 못하도록 배치되어 긴장을 놓을 수가 없다.

악보) 스트라빈스키 발레곡 〈봄의 제전〉 중 '봄의 전조, 십대들의 춤' 시작 부분

그래서 결과적으로 청자들에게는 9박-2박-6박-3박-4박-5박-3박 순으로 계속 박자가 변박되는 것처럼 느껴진다. 이것과 유사하지만 다른 현상이 있는데, 그것은 '당김음'이다. 당김음은 강박이 기대했던 자리에 나오지 않아 당황하는 현상이라는 점에서 앞의 예와 비슷하지만 나타나는 맥락이 다르다.

스트라빈스키의 예에서는 강세의 위치가 계속 불규칙하게 이동한다. 그럼으로써 일정한 박자가 마음속에 정착될 새 없이 계속 박이 바뀌는 것처럼 느껴진다. 그런데 당김음은 한번 내지는 두어 번 강박이 와야 할 자리에 강박이 오지 않아 강세가 당겨지는 현상이다. 그러므로 박자 자체는 변했다고 느끼지 않는다.

베토벤의 〈합창〉 교향곡의 '환희의 합창' 주제 선율에 사소한 듯하지만 세상 매력적인 당김음이 등장한다.

표시된 E음은 원래 4/4박자에서 약박이지만, 붙임줄로 인해 다음 마디 첫 박의 강세를 당겨받아 강하게 소리를 낸다. 덕분에 전체적으로 4박을 꿋꿋하게 지켜가는, 막대기처럼 단순한 리듬에 매력적인 에너지의 변화를 제공하는 효과가 있다.

8 〈학교종〉의 악보는 어디에?

김메리 작사·작곡의 〈학교종〉(1948)이라는 동요를 알 것이다. 시중에 돌아다니는 이 곡의 악보는 여러 종류가 있다.

악보①) 〈학교종〉 버전1 : 4/4박자 8마디

위의 악보①, ②, ③는 모두 현재 유통되고 있는 것들이다. 어느 악보가 맞을까?

악보①는 4/4박자로 표기되어 있고 모두 8마디다.

악보②는 2/4박자로 표기되어 있고 모두 16마디다.

악보③는 4/4박자로 표기되어 있고 모두 4마디다.

악보① 4/4 학 교 종 이 | 땡 땡 땡 -

악보② 2/4 학 교 | 종 이 | 땡 땡 | 땡

악보③ 4/4 학교종이 땡땡땡- | 어서모이 자 ──

악보①의 경우는 네 음절마다 강세를 주어서 연주해야 하는 반면, 악보②에서는 두 음절마다 강세를 주게 되어 연주에서 차이가 발생한다. 그러다 보니 악보②의 경우에는 8번째 마디처럼 아예 붙임줄을 사용해야 하는 마디가 출현한다.

악보③처럼 표기되어 있다면, 연주자들은 관습적으로 악보①보다 빨리 연주할 것이다. 아마도 초등학교에서 1학년생들이 쨱쨱거리며 합창으로 이 노래를 부를 때는 악보③처럼 빠르게 부르기보다는 악보①처럼 한 음, 한 음을 한 박, 한 박 맞춰 부를 것이다. 그래서인지 현재 교과서 등에 수록된 표기는 악보①이다.

그런데 여기서 우리가 알아야 할 것이 있다. 서양음악 기보법에서의 사분음표($\quarternote$)나 팔분음표($\eighthnote$)의 길이 차이는 상대적 길이의 차이를 표현하는 것이지 절대적인 길이를 알려주지 않는다는 점이다. 그래서 만약 악보의 제일 앞에 속도 표시가 악보①에는 M.M.$\quarternote$=140[18]이라고 되어 있고 악보③에는 M.M.$\quarternote$=70이라고 되어 있으면, 두 악보는 같은 속도로 연주하게 된다.

서양의 기보법은 음가를 적을 때 상대적인 길이의 비율에 기초하여 적는 방법을 선택했다. 즉 $\quarternote$는 $\eighthnote$의 2배 길이다. 이때 $\eighthnote$음표가 몇 초짜리 음인가 하는 절대적인 길이는 정해져 있지 않다. 그래서 박자 기호만으로는 그 곡의 정확한 속도를 알 수가 없다. 벨기에의 작곡가 생 랑베르(Saint Lambert)의 주장에 따르면, "박자 기호는 그 곡의 진행을 매우 불완전하게 나타낸다. 그러한 부족함을 느끼는 작곡가들은 그들이 작곡한 곡에 다른 기호를 넣거나, 어떤 작곡가들은 자신들이 의도한 바를 기호가 표현하지 못하는 부분이 있으면 이를 보충하기 위해 '느리게', '장중하게', '가볍게', '즐겁게', '빠르게', '아주 빠르게' 등의 말을 직접 적어넣기도 한다"[19]고 했다.

그래서 템포를 표시하는 용어들이 나왔다. 이들은 대체로 이탈리아어로 되어 있다. 가장 흔히 쓰이는 용어들을 빠르기 순서대로 나열하면 대충 다음과 같다.

Grave	느리면서 장중하게(slow and solemn, 20 – 40bpm)
Lento	느리게(slowly, 40 – 45bpm)
Largo	느리고 폭넓게(broadly, 45 – 50bpm)
Adagio	느리고 평온하게(slow and stately, 55 – 65bpm)
Adagietto	약간 느리게(rather slow, 65 – 69bpm)
Andante	걸음걸이의 속도로(at a walking pace, 73 – 77bpm)
Moderato	중간 속도로(moderately, 86 – 97bpm)
Allegretto	중간 속도보다 약간 빠르게(moderately fast, 98 – 109bpm)
Allegro	빠르면서 밝게(fast, quickly and bright, 109 – 132bpm)
Vivace	생기 있게 빠르게(lively and fast, 132 – 140bpm)
Presto	매우 빠르게(extremely fast, 168 – 177bpm)
Prestissimo	프레스토보다 더 빠르게(even faster than Presto, 178bpm and over)

그런데 고전음악에서 사용되는 템포 용어들은 빠르기를 표시하는 동시에 분위기까지 함께 지칭한다는 것을 연주자들은 알아야 한다. adagio의 어원이 되는 adagiare는 "조심스레 내려놓다, 쉬게 하다"라는 뜻을 갖고 있다. 또 andante는 andare의 "가다, 떠나다, 혹은 걸음걸이"라는 뜻을 내포하고 있다. 대체로 이 용어들은 서양음악사에서 16세기 말부터 발전하기 시작하여 점점 자주 나타나기 시작했는데, 이 기호의 정보를 해석할 때 신중해야 함에 대하여 고음악 연주로 유명한 니콜라우스 아르농쿠르(Nikolaus Harnoncourt, 1929~2016)는 다음과 같이 말했다.

"17세기와 18세기의 '템포 지시'를 이해하려면, 그것이 이탈리아 작곡가들이 사용하는 음악 용어가 아니라, 대부분 실제로 통용되는 이탈리아어 단어라는 사실을 명심해야 한다. 즉 '알레그로'는 정확히 말해 '빠르게'가 아니라 '밝게' 혹은 '즐겁게'다. 이 '알레그로'라는 말이 갖고 있는 '밝음'이라는 특정 성격을 주어진 템포에 요구함으로써, '알레그로'가 간접적으로 템포의 지시어가 된 것일 뿐이다. 일반적으로 말해, 이러한 표시들은 절대적인 템포가 아니므로 오히려 그 언어 속 의미부터 이해해야 할 것이다."[20]

이후 작곡가들은 템포와 분위기를 지시하는 용어를 이탈리아어뿐만 아니라 자신들이 속한 나라의 언어를 사용하여 다양하게 표현하게 되었다. 이런 지시어가 복잡하기로 유명한 말러(Gustav Mahler, 1860~1911)의 예를 보면, 그의 6번 교향곡 1악장에 이탈리아어와 독일어를 섞어 다음과 같이 지시했다.

Allegro energico, ma non troppo. Heftig, aber markig
(에너지 넘치는 알레그로로, 그러나 너무 심하지는 않게, 격렬하게 그러나 절도 있게)

여기서 'Allegro~troppo'까지는 이탈리아어, 'Hetfig, aber markig'는 독일어다. 이런 지시어가 적혀 있다면 연주자들은 어쩔 줄을 몰라할 것 같다.

만약 동요 〈학교종〉의 4/4박자로 된 악보에 템포 용어 중 하나를 넣어 보충한다면 무엇을 넣으면 좋을까? 'Allegro'가 가장 적당할 것 같다. 알레그로는 걸음걸이 속도보다는 조금 더 빠르고 무엇보다 '밝게'라는 의미도 포함되어 있으니 말이다.

음악에서의 템포

　　음악에서 템포는 일반적으로 박동의 속도로 잰다. 1분에 박동이 몇 번 울리는가가 bpm(beats per minute)이다. bpm과 유사한 표시형식으로는 헤르츠(Hz)가 있다. 헤르츠는 1초에 몇 번 진동하는가를 의미한다. 그러므로 2Hz는 1초에 두 번 진동한다는 뜻이니까 1분에는 120번, 즉 120bpm과 같다.

　　또 다른 표기 형식은 메트로놈의 속도를 사용하는 방식이다. 메트로놈은 1812년에 빙켈(Dietrich N. Winkel)이라는 사람이 발명한 것을 독일의 멜첼(Johann Mälzel, 1772~1838)이 1816년경 지금의 형태로 개량하여 오늘에 이르렀다. 메트로놈에는 2가지의 스케일을 사용하여 속도를 표시하는데 하나는 'Largo, Allegro' 등과 같은 템포 지시어이고 다른 하나는 bpm 형식의 스케일이다. 후자의 경우, 흔히 'M.M. 기준음표=bpm' 식으로 표시하며 'M.M. ♩=120'은 사분음표 한 박을 120bpm의 속도로 연주하라는 말과 같다. 그러므로 M.M. 방식은 어떤 음표를 기준으로 하고 있는지가 드러나기 때문에 악보에 표시될 때, 사용하기 편하다. 그러나 굳이 악보를 떠올리거나 무슨 음표가 기준인지 떠올리지 않고도 느껴지는 박동의 속도만으로 곡의 속도를 말할 때는 '이 곡은 100bpm이야'라는 식으로 표현하는 방식이 대중음악을 포함하여 더 널리 사용된다.

　　사람들을 가장 들뜨게 만드는 박의 템포가 있을까? 2017년에 개봉한 로뱅 캉피요(Robin Campillo) 감독의 영화 〈120BPM〉에서 감독은 120bpm을 '온몸의 세포가 뜨겁게 반응하는 템포'로 규정한다. 120bpm은 이 영화의 시대적 배경인 80년대 후반, 클럽에서 유행했던 '하우스'라는 댄스음악 장르의 일반적인 템포였다. 감독은 거기서 영화의 제목을 착안했다고 한다.

　　평소 가만히 있는 상태에서 우리의 심장은 60~90bpm 정도의 속도로 박동한다. 그것의 2배의 속도인 120~130bpm이면 심장이 뜨거워지는 속도다. 춤추기 딱 좋은, 도저히 가만히 있을 수 없는 속도가 바로 이 구간이다. 한국가요의 댄스곡들은 어떨까? 싸이의 〈강남스타일〉이 132bpm 정도 된다. BTS의 〈다이너마이트〉는 114bpm이다. 90년대 댄스곡들도 대체로 이 범위에서 크게 벗어나지 않는다. 댄스곡들이 이 템포 범위에 있다는 뜻은 이 속도가 춤추기 좋은 속도라는 뜻이다.

　　얼마 전 코로나 4단계라는 엄중한 시국에 이상한 권고가 나왔다. 헬스장에서 그룹 운동을 할 때 120bpm이 넘는 빠른 속도의 음악을 사용하지 말라는 권고였다. 사람들이 이상하다고 하는 바람에 슬그머니 들어가긴 했지만, 전혀 근거가 없는 이야기는 아니다. 이 속도 이상에서의 운동은 확실히 숨을 많이 내쉬어야 한다. 인지심리학 연구자들의 조사에 따르면, 사람들이 선호하는 두 박동 간의 간격은 400~800ms 사이라고 추정하고 있다. 이것은 bpm으로 보면 75~150bpm 사이다. 이 속도에서 사람들은 박동을 가장 잘 느낀다. 이 속도가 박자에서 중요한 이유는 우리가 소위 이 곡은 몇 박자인가를 결정할 때, '박'을 느끼는 층위가 바로 이 속도의 범위 내이기 때문이다. 그래서

400~800ms의 가운데인 600ms 주변의 속도(100bpm에 해당)를 음악심리학자들은 '박동의 속도'라고 지칭한다.[21]

이 속도는 우리의 행동과도 관련이 깊다. 두 발로 걷기에 좋은 속도의 범위다. 음악학자들은 빅데이터를 통해 유럽뿐만 아니라 지구상 곳곳의 모든 인간들이 정말로 이 템포의 음악을 선호하는지 조사해보았다. 전 세계의 음악을 일곱 그룹의 지역 음악으로 나누어 음악들의 템포를 조사했더니, 실제로 104-136bpm에서 가장 많은 사례가 나타났다.[22]

아무튼 선호하는 템포는 우리 몸의 크기, 움직임의 반경과 속도 등과 밀접하게 관련이 있다. 몸집이 작은 아이들은 빠른 속도를 좋아하고 나이가 들수록 선호하는 템포는 점점 느려진다.

동조

외부의 리듬과 상호작용하는
자연의 원리

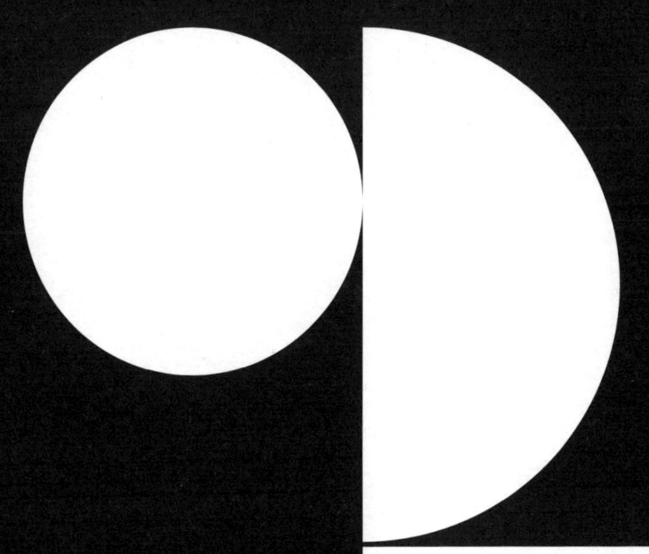

인간은 외부의 소리로부터 시간적 규칙성을 발견하고 그
것에 나의 주의집중 에너지를 맞춘다. 외부의 시간적 규칙적 리
듬에 나의 주의집중 에너지가 동조되고, 동조된 주의집중의 리
듬은 다음 사건이 언제 일어날지 예측하고 기대하게 한다. 그러
므로 '박'은 주의집중의 에너지와 그것이 만들어낸 기대감이라
는 주체 내부의 심리적 조건과 외부의 리듬적 사건이 조우하여
만들어지는 합작품이라고 할 수 있다. 그런데 이 만남은 도대체
누가 주선하는 소개팅인가? 이 현상에는 주선자가 없다. 그야
말로 '자만추(자연스러운 만남 추구)'다. '자만추'를 가능하게 하는
원리가 '동조(entrainment, 혹은 synchronization)'라고 불리는 현상
이다.

　해외여행 뒤에 시차적응 때문에 며칠 밤을 고생해본 적 있을 것이다. 그러다가 시간이 지나면 새로운 지역의 낮밤에 몸이 조금씩 적응하는 것을 느낀다. 시간대가 다른 지역으로 갑자기 이동하면, 우리 몸의 수면-활동 주기는 그곳의 낮-밤 주기에 맞추기 위해 조금씩 자신의 수면-활동 주기 시간을 이동시킨다. 만약 우리의 수면-활동 주기가 낮-밤의 외부 주기에 맞춰 금새 적응한다면, 낮-밤이 바뀌는 즉시 우리의 생체리듬도 바뀌게 될 것이다. 그러나 나의 수면-활동 주기는 내 몸 안에서 자율적으로 진동하는 것이라서 일단 한번 맞춰지면 자기 고집을 부린다. 물론 그 고집은 융통성 없는 고집이 아니다. 외부의 환경이 지속적으로 변하면 서서히 외부의 리듬에 맞추기 위해 수면시간을 이동시켜 외부의 리듬에 맞춘다. 이러한 현상을 '동조'라고 한다.

유튜브에 들어가보면 신비한 동영상을 볼 수 있다. '32메트로놈 동기화(32Metronomes Synchronization)'라는 제목의 영상이다. 

영상에서는 탄성이 있는 테이블 위에 32개의 메트로놈을 올려놓고 모두 똑같은 속도로 움직이도록 추의 위치를 같은 곳에 고정시켜 놓는다. 그리고 각각의 메트로놈이 다른 시점에 움직이도록 한다. 당연히 메트로놈들이 혼란스럽게 움직인다. 그러나 1분 40~50초 정도가 지나면, 마치 마술에 걸리기라도 한 것처럼 여러 메트로놈의 진동이 서서히 일치되어 발 맞춰 행진하는 군대처럼 일사불란하게 움직인다. 이러한 물리 현상이 바로 동조 현상이다.

동조를 정의하자면, 자율적인 진동들이 서로 상호작용하여 어느 순간 같은 진동, 혹은 같은 주기성을 갖는 현상을 말한다. 앞서 언급한 시차적응도 같은 원리에 의한 현상이다. 처음에는 내 몸의 수면-각성 주기와 외부의 낮-밤주기가 일치하지 않다가 서서히 수면-각성 시간이 이동하면서 어느 순간 시차적응에 성공하는 것, 즉 지구의 낮-밤 주기에 우리 몸의 수면-각성 주기가 동조하는 것이다.

메트로놈의 예에서 볼 수 있듯이, 동조는 마음이 없는 무질서한 집단, 진동자들이 서로 보조를 맞추어 질서를 찾아가는 과정이다. 우리를 당황스럽게 하는 것은 그 과정이 의식적으로 질서를 추구하는 것처럼 보이기 때문이다. 그러나 실제로는 그들이 다른 진동자들에 기계적으로 반응했을 뿐이다. 그래서 이 분야의 학자 스트로가츠는 동조란 무질서의 세계에서 어떻게 질서가 창발할 수 있는지를 설명해주는 '자기조직화'의 원리이고 체계라고 말한다.[1] 누군가 이 질서를 창조하기 위해 거대한 기획을 할 필요가 없다는 말이다.

이것은 소위 복잡계 과학에 속하는 현상이다. 우리가 익숙한 것은 원인-결과가 직선적인 논리다. 그러나 그물처럼 상호 연결된 복잡계에서는 원인과 결과가 투명하게 보이지 않는다. 맥동으로 연결된 진동자 수백만 개의 상호작용이 동시에 일어나면서 모두가 서로의 상태를 변화시키는 것, 여기서 특정 패턴이 자발적으로 생겨나는 현상이 '동조'다.

과학자들은 물리적 세계 이외의 많은 생명체에게서도 동조 현상이 일어나며, 이 현상이 생존의 중요한 원리 중 하나라는 것을 발견했다. 원형동물 아메바는 뇌가 없지만 외부의 빛의 깜빡임에 자신의 생체리듬을 맞춘다. 또 개체 간 동조 현상을 보여주는 동물도 있다. 개구리들의 합창이나 반딧불이의 반짝임이 대표적인 동조의 예다. 우리 몸에도 다양한 종류의 동조 현상이 있다. '뇌파'라고 들어봤을 것이다. 알파파니, 델타파니 하는 것들 말이다. 과학자들은 우리 뇌의 양쪽에 전극을 달면 미약한 전류가 흐르는데 시간의 경과에 따라 전압이 오르내린다는 것을 알게 되었다. 기술의 발달로 전기를 증폭시켜 기록해보았더니 일정한 패턴이 나타났다. 뇌파에서 특정한 패턴을 찾아낸 것이다.[2] 이것은 하나의 뉴런이 만들어내는 진동이 아니다. 수천 개의 뉴런이, 마치 수천 명의 연주자가 자신의 파트를 연주하면서 박자를 만들어내듯, 그렇게 동조하여 만들어내는 것이다.

심장의 박동도 동조 현상으로 인한 것이다. 심장에는 약 1만 개의 세포로 구성된 '결정'이라는 근육세포가 있다. 그들이 일정한 간격으로 전기자극을 일으키는데 이것을 측정하는 것이 심전도 그래프다. 그런데 이 1만여 개에 달하는 전기자극의 주기가 같이 동조하지 못한다면 우리 몸은 난리가 날 것이다. 누가 이 1만 개의 진동을 마치 북에 맞추어 뛰듯 그렇게 움직이게 하고 있는가? 뇌에서, 중앙에서 통제하고 있을까? 아니다. 뛰고 있는 심장 세포를 떼어내 접시 위에 올려놓아도 한동안 계속 뛴다. 그들은 스스로 일정한 리듬으로 동조화되어 움직이고 있는 것이다.

그 외에도 호흡을 위한 여러 기관들 간의 동조, 심장과 혈액순환계의 여러 세포들 간의 동조, 여성의 생리와 관련된 동조 등등 우리 신체를 구성하고 있는 내장기관들 곳곳에서 동조가 이루어지고 있다. 인간의 몸에서 일어나는 이 생리적 동조 현상의 정상적인 흐름이 깨지면 병으로 이어지는 경우가 많다. 또한 인간의 행동의 많은 것들이, 예를 들어, 걸을 때의 두 발과 팔의 움직임, 눈의 깜빡임, 노 젓는 행위, 춤, 계단 오르내리기 등이 신체기관들의 동조화에 의해 가능한 것들이다. 그러니까 음악 연주과정에서 음악가들이 서로의 소리에 맞추어 몸을 움직이고 스틱을 흔들고 건반을 누를 수 있는 것도 뇌 신경세포들 간의 동조, 뇌 신경세포와 신체 기관 간의 동조 등이 이루어지지 않는다면 불가능한 이야기다.

그런데 여기서 중요한 조건이 하나 있다. 구성 요소들 간에 상호작용이 있어야 한다는 점이다. 이것이 없으면 동조가 안 일어난다. 예를 들어, 많은 사람들이 박수를 치고 있는 상황을 생각해보자. 멋진 연주가 끝나자 사람들이 기립박수를 치며 난리가 났다. 열심히 박수를 치면, 혹시 연주자가 앙코르로 한 곡 더 연주해줄까 하는 기대를 갖는다. 그러다 보면 어느 순간 청중들이 서로 박자를 맞춰 박수를 치는 순간이 있다. 지휘자가 있는 것도 아닌데 말이다. 이들이 모두 다른 사람과 전혀 상관없이, 내 멋대로 고집스럽게 치겠다고 작정하면 동조는 일어나지 않는다. 그러나 다른 사람으로부터 영향을 조금 받아서 '어? 옆 사람이 이렇게 치네?' 정도만 생각해도 동조는 순식간에 일어난다. 아니, 사실은 이런 생각을 하지 않을 수도 있다. 그래도 동조는 일어나는데, 그건 사람들이 원래 어떤 행동을 다른 사람들과 맞추고 싶어 하는 무의식적인 본능을 갖고 있기 때문이다. 친구와 같이 산책을 하다보면, 내 의지와 상관없이 함께 발 맞춰 걷는 일이 흔하게 일어난다. 인간에게 이런 본능이 왜 생겼는지에 대해서는 뒤에서 이야기할 것이다. 어쨌든 이 때문에 옆 사람 눈치를 본다, 안 본다를 의식하지 않아도 대개는 그 일이 일어나버리고 만다.

'에이, 내가 옆 사람 따라하고 그 사람이 또 그 옆 사람 따라하면 다 맞춰지는 건 당연한 거 아닌가?'라고 생각할지도 모르겠다. 물론이다. 그런데 그 과정의 결과인 '모두가 합창하듯 박자를 맞춰 손뼉을 침'을 처음부터 누군가가 의도했거나 기획한 것은 아니었다. 어느 순간 그 일이 벌어진다는 점이 중요하다.

동조가 일어나기 위해서는 '적절한 상호작용'이라는 것이 필요하다고 했는데, 이 상호작용을 '눈치보기', '맞추려는 의도', '서로 의식하고 있음' 이런 너무 인간적인 상호작용으로 상상할 필요는 없다. 당연히 그러한 '의도'나 '의식'은 없지만 물질적 세계에서의 동조는 다른 상호작용이 있다. 앞서 테이블 위의 메트로놈이 어느 순간 동조되기 위해서는 테이블에 약간의 탄력성이 있어야 한다. 탄성 있는 테이블을 통해 각 메트로놈에서 발생하는 힘들이 상호작용하여 동조가 일어나는 것이다. 딱딱한 바닥 위에 멀리 떨어뜨려 놓아 메트로놈들이 서로 힘을 전혀 주고받을 수 없는 상황이라면, 동조는 일어나지 않는다.

시차적응은 내가 맞추려고 의식적으로 노력하지 않아도 저절로 일어나는 현상이다. 그렇다고 해서 무작정, 자동적으로 생겨나는 현상은 아니다. 약간의 상호작용이 필요하다. 만약 수면이 전혀 필요 없는 외계 생명체가 있다면, 그는 낮-밤 주기에 자신의 몸을 동조시킬 필요가 없을 것이다. 지구의 낮-밤과 '상호작용'을 할 필요가 없다는 뜻이다. 그러나 지구상의 생명체는 잠이 필요하고 자기 나름의 수면-각성 주기[3]를 갖고 있는데, 그 주기를 낮-밤 주기와 가능한 한 일치시키는 것이 생존에 이득이 되었기에 그렇게 진화해온 것이다.

우리가 박을 느끼고 박에 맞춰 행동을 조절할 수 있는 능력, 역시 일종의 동조 현상이다. 주의집중의 리듬이 외부 자극의 리듬에 동조하는 현상이다. 그렇다고 같은 리듬을 듣고 있는 개나 고양이에게도 이 동조 현상이 자동적으로 일어나는 것은 아니다. 그들도 충분히 리드미컬한 움직임을 할 줄 아는 동물들임에도 불구하고 그들에게는 외부의 리듬과 상호작용할 어떤 의지도 기능도 없다. 하지만 그것이 사람에게는 있다. 어떤 순간부터 인류는 외부의 리듬적 자극에서 규칙성을 듣고 그것에 맞추어 행동할 필요가 있었던 것 같다. 그리고 그 능력은 살아남는 데 중요한 역할을 한 것으로 보이며, 후대로 계속 유전되었다. 이제 우리 몸의 세포는 거의 자동적으로 외부에서 리듬이 들어오면, 그 리듬에서 박을 찾고 그 박에 동조한다. 그러지 않으려고 몸에 힘을 주고 있는 경우가 아니라면, 심지어 어떤 경우에는 그 힘을 뚫고서라도 동조가 일어나고야 만다.

 '박을 지각함(BP, beat perception)'과 '박에 맞춰 행동함(BPS, beat perception and synchronization)' 사이에는 약간의 차이가 있다. 인간의 경우 박을 지각하는 것은 진화를 통해 유전된 능력으로, 거의 저절로 일어난다. 갓 태어난 아기도 규칙성에 대한 강한 선호를 보인다.[4] 다른 동물들에게는 나타나지 않는 현상이다. 그러나 '박에 맞춰 행동함'은 이 느낌에 맞추어 의도적으로 우리의 행동을 조절하는 것으로, 이는 훈련의 정도와 상당한 관련이 있다.[5] 아기들의 경우 리듬과 박에 강한 선호 경향을 보이지만, 박에 맞춰 정확하게 행동하기까지는 상당한 시간이 걸린다. 이 능력은 4세 전후로 발달하기 시작해서 점점 좋아지다가 노화와 함께 조금씩 떨어지는 것으로 알려져 있다. 음악 연주, 음악에 맞춰 추는 춤, 조정 경기나 줄다리기 같은 스포츠에서 박자 맞춤 등의 행동이 모두 박에 맞춰 행동하는 것이다. 박에 맞춰 행동하기 위해서는 감각기관으로 들어온 정보가 운동기관과 밀착 동조해야만 한다. 그래서 음악학과 스포츠학 등 인간 행동을 연구하는 분야에서는 이 행동을 특별히 '감각-운동 동조(SMS, Sensorimotor synchronization)'라고 부른다.

피아니스트, 드럼, 베이시스트로 구성된 재스트리오에서 연주자들이 〈Take Five〉라는 곡을 연주하고 있는 상황을 생각해보자. 

우선 셋 중 한 사람, 베이시스트에게 집중해보겠다. 그의 손가락 움직임은 다음의 주기에 맞추어 움직이고 있다.

악보) 〈Take Five〉 시작 부분 - 콘트라베이스

곧이어 피아노와 드럼이 들어오는데, 피아니스트는 연주 중 계속 고개를 까딱거리면서 연주한다. 그의 고개 까딱거림은 음악의 모든 자잘한 리듬에 1:1로 다 따라가며 잔망스럽게 흔들거리는 것이 아니라, 박의 주기 중 일정한 박에만 움직이고 있다. 그 고개의 움직임은 자신의 손 움직임, 페달을 밟고 있는 발의 움직임과도 동조되고 있을 것이다. 그럼 드러머는 어떨까? 드럼스틱의 움직임은 더 작은 리듬을 따라가기도 한다. 이 모든 연주자들의 움직임은 그들이 함께 박을 느끼고 있을 뿐만 아니라 공동의 박을 만들어내고 있다는 걸 잘 보여준다. 게다가 그

음악을 듣는 우리 마음속에도 그들과의 공동의 박이 만들어진다. 그러므로 그들의 행동이 우리 눈에 전혀 어색하지가 않다. 이 과정의 시작은 연주의 큐 싸인, 여기서는 베이시스트의 리듬으로부터 시작되었을 것이다. 이 정보에 모두의 마음이 화답하여, 다른 말로는 동조하여 하나의 주기성이 만들어지고 거기에 모두가 행동을 맞추는 것이다.

그런데 이 과정을 자세히 보면 2개의 과정이 긴밀히 연결되어 있음을 알 수 있다. 하나는 외부의 정보가 우리 마음에 입력되는 지각적 과정(대개 음악에서는 청각적 입력), 다른 하나는 이 지각된 것을 운동적 행동으로 출력하는 과정이다.

그림) 리듬적 동조 능력의 인지적 메커니즘(Phillips-Silver 외, 2010: 7)

이 두 과정은 긴밀하게 연결되어 있어야만 한다. 즉 '청각과 운동신경의 연결고리'가 잘 구비되어 있어야만 박자를 느끼고 표현할 수가 있다. 이를 '청각-운동신경의 동조(Audiomotor entrainment)'라고 한다. 이 중 어느 하나만 가지고 있어서는 박에 기초한 동조 과정이 일어나지 않는다. 그러므로 뇌의 진화

과정에서 언제쯤 어떻게 무슨 이유로 이 연결고리가 만들어졌
는지가 음악적 리듬 진화 과정을 푸는 중요한 열쇠 중 하나가
될 것이다. 이에 대해서는 뒤에서 더 자세히 다루기로 한다.

 의식적 동조와 무의식적 동조

음악 연주과정에서 일어나는 동조 현상이 '박에 맞춰 행동함'만 있는 것은 아니다. 일부 음악 중에는 함께 연주하면서도 서로 박을 맞추지 않으려고 노력하는 음악도 있다. 인도의 라가 음악 〈Shree Rag〉[6]라는 곡에서 박자가 뚜렷하지 않은 부분('알라프'라고 한다)이 있는데, 이 부분에서 반주를 담당하는 탄푸라(Tanpura) 악기 연주자들의 타이밍을 연구한 학자 클레이톤(Clayton)은 재밌는 사실을 발견했다. 탄푸라는 목이 긴 기타처럼 생겼는데, 현을 퉁기면 나는 소리의 울림이 아주 독특하다.[7] 이 악기는 연주에서 베이스의 음(으뜸음과 5도위)을 계속 울려주는 역할을 한다. 그런데 그들은 노래나 연주자들의 리듬과 완전히 다른, 독립적인 자기만의 리듬을 연주한다. 인터뷰에서 탄푸라 연주자는 "탄푸라는 완전한 싸이클을 퉁기는데 약 2초에서 2초반 정도의 시간이 걸린다. 초보 탄푸라 연주자는 자꾸 노래

의 리듬에 따라가려고 하는데, 그러면 안 되고 자신만의 속도로
이 싸이클을 울려주는 것이 중요하다. 노래뿐만 아니라 다른 악
기 연주자, 심지어 다른 탄푸라 연주자의 리듬과도 연관성이 없
도록 연주해야 하는 것이 이 음악의 오랜 관습"이라고 말했다.
그러나 실제 연주에서 탄푸라 연주자들의 타이밍을 분석해보니
탄푸라 연주자들끼리 어느 부분에서 2:3이라는 다소 간단치 않
은 주기의 때맞음이 나타났다가 사라졌다가, 다시 나타났다가
사라지는 현상을 발견했다. 이것을 두고 클레이톤은 "연주자들
끼리 일부러 서로 맞추지 않으려고 노력함에도 불구하고, 음악
이 진행되는 과정에서 의도치 않은 동조가 나타난다는 것을 보
여주는 사례"라고 해석했다. 사람 간 동조는 무의식적으로도 일
어날 수 있고 의식적으로도 일어날 수 있다. 음악에서도 마찬가
지다. 이 인도음악에서 보여주는 동조는 무의식적으로 일어나
는 과정을 보여준다.

이렇게 특정 지역 음악의 사례가 아니더라도 연주 중에 음
악에 맞춰 고개나 어깨를 흔드는 행동은 거의 자동적으로 일어
난다. 그러나 자기만의 템포로 청중과 호흡하는 가수의 박을 따
라가야 하는 반주자, 지휘자의 박에 맞추어야 하는 연주자는 다
른 사람의 박에 빨리 자신을 맞추기 위해 노력한다. 이 경우에
는 동조에 이르는 과정에서 의식적인 노력과 계획이 많이 작동
된다. 이처럼 음악 활동 안에서는 무의식적인 동조에서부터 의
식적인 동조에 이르기까지 다양하게 나타난다.

# 신체 내장기관들 간의 동조

자, 이제 연주자들의 내장기관 속으로 들어가보자. 연주할 때 몇몇 내장기관들이 음악의 리듬에 미약하게 동조한다는 연구가 있다. 이러한 동조는 '신체 내장기관들 간의 동조', 다른 말로는 '자율기관의 생리적 동조(Autonomic physiological entrainment)'라고 부른다. 자율 신경계의 교감신경과 부교감신경의 조절하에 있는 생리적 리듬이 외부에서 지각된 리듬에 동조하는 경향을 말한다. 이는 호흡이나 심장 활동을 포함한 다른 내장들의 활동이 외부의 리듬적 자극에 동조하는 현상이다.

크럼한슬(Carol L. Krumhansl)의 연구[8]에 의하면, 슬픈 음악을 들을 때 심박동수가 느려지고 확장기 혈압은 낮아지고 호흡수는 줄어든다고 한다. 다른 연구에서도 음악의 템포와 액센트, 리듬이 생리학적 반응(호흡, 심박수, 피부 변화)과도 연관성이 높다는 결과가 나왔다.[9] 또한 합창을 할 때 합창단원과 지휘자 간

심박과 호흡수가 동조화되는 경향을 발견했다.[10]

그런데 이러한 현상들이 앞에서 언급한 박에 기초한 동조와 관련이 있을까? 박자를 지각한 신경세포들이 다른 세포에 이 주기를 전달해서 같이 동조하는 것일까? 그건 아닌 것 같다. 지각의 영향을 받는 기관들도 아닐 뿐만 아니라, 이 기관들의 변화는 음악적 박과 위상, 주기가 일치하지는 않는다. 다만 이들 기관의 자율적인 움직임의 속도가 음악의 템포에 따라 빨라졌다 느려졌다 할 뿐이다. 그래서 학자들은 이것을 '템포의 동조(Tempo entrainment)'라고 부르기도 한다. 어떤 메커니즘에 의해 이런 현상이 일어나는지는 아직 정확히 모른다.

이 현상이 흥미로운 것은 혹시 이것이 음악을 들을 때 우리가 느끼는 감정과 어떤 식으로든 연결되어 있지 않을까 하는 점 때문이다. 우리가 음악을 들을 때 가끔씩 너무나 감정이 충만해져서 말로 표현할 수 없는 벅차오름을 경험할 때가 있다. 이런 상태를 '절정, 혹은 피크(peak)'라고 한다. 소화기관은 이런 상태와 큰 상관이 없어 보이지만(물론 '기분 좋은 연주를 들어서 체증이 뻥 뚫렸다'는 사람들도 있긴 하지만) 심장이나 호흡은 상관이 있어 보인다. 기분이 좋아져서 수반되는 후행 과정인지, 아니면 기분과 상관없이 외부의 진동에 대해 자율적 기관들이 직접 반응하는 것인지는 아직 밝혀지지 않았다. 어떤 음악을 들으면 기능이 떨어진 위가 활발하게 움직인다든지, 아픈 콩팥이 제 기능을 한다든지 하면 좋겠다. 하지만 그러한 예는 아직 발견되지 않았다. 물론 어떤 음악은 확실히 심장을 벌렁거리게 하지만 말이다.

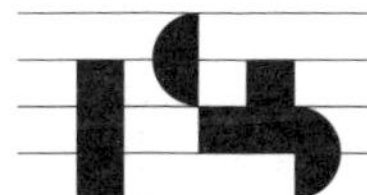 사람 간 동조 또는 사회적 동조

사람과 사람 사이에 발생하는 동조를 '사람 간 동조(inter-personal entrainment)' 또는 '사회적 동조(Social entrainment)'라고 한다. 춤이나 공동 음악 활동에서의 동조는 박에 기초한 동조가 사람들 간의 동조로 확대되어 나타난 '사회적 동조'다. 춤이나 음악은 대부분 박에 기초해서 리듬을 맞추기 때문에 사람 간 동조가 쉽고 빠르게 나타난다. K팝 음악은 대부분 4박자의 박이 분명히 느껴지는 음악인 데다가 춤까지 동반하기 때문에 빠르게 동조가 일어난다.

주기가 정확하게 일치하는 정도는 아니어도, 앞서 언급한 내장기관들 사이의 동조처럼 일종의 '템포적 동조'와도 같은 느슨한 사회적 동조는 일반적인 사회 현상에서도 자주 발견된다. 이는 사람들의 행동 주기가 비슷하게 나타나는 현상이다. 예를 들어, '아침형 인간, 저녁형 인간'이라는 라이프 스타일의 주기는 개인마다 약간의 차이는 있을 수 있으나, 각각 경우에 따라 행동주기상 어느 정도의 일치점이 있다. 이것은 '수면-각성 주기'라는 사람들이 본래 가지고 있는 생리적 주기를 바탕에 깔고 있다. 다만 이 기본 위에 사회적으로 형성된 또 하나의 라이프 스타일의 주기가 있는 것이다. 이 라이프 스타일은 개인형도 있지만 집단적으로 나타날 수도 있다. 또 도시형 생활주기와 농촌의 생활주기가 다르다.

김 과장은 아침 7시에 눈을 떠서 샤워하고 토스트와 커피를 마신 후 9시까지 회사에 출근한다. 출근하자마자 사무실 컴퓨터부터 켠다. 그리고는 탕비실에 가서 개인 머그컵에 커피를 내린 후 자리에 앉아 이메일을 먼저 체크하고… 11시 50분이면 점심을 먹으러 나간다. 이는 지극히 김 과장의 개인적인 일과인 것 같지만 김 과장 옆의 박 대리, 최 대리, 이 부장도 모두 비슷한 스케줄대로 움직인다. 멀리서 보면 큰 움직임의 '동조화' 현상이 일어나고 있는 것이다.

이런 관점에서 보면, 인간사회에서 발생하는 모든 동조가 사실은 사회적인 측면을 깔고 있다고 보는 게 맞을 듯싶다. 예를 들어, 수면-각성 주기의 동조 현상이 지구의 낮-밤 주기와 내 몸의 생리 주기와의 관계로만 결정되는 것이 아니다. 서머타임의 경우를 생각해보자. 서머타임으로 한 시간이 빨라지면, 적용 첫날은 내 몸이 습관처럼 어제의 7시, 그러나 오늘의 8시에 일어난다. 그러나 어제까지의 습관대로 일어나면, 샤워하고 밥 먹고 9시까지 출근하기가 힘들다. 알람을 바꿔서 어제의 6시, 즉 오늘의 7시에 일어나야 서머타임제 하의 9시까지 지각하지 않고 도착할 수 있다. 며칠 그렇게 하다보면 우리 몸은 금방 변경된 써머타임에 맞춰진다. 그러니까 우리의 수면-각성 주기는 지구의 낮-밤 주기와의 동조를 디폴트로 삼아, 사회적 스케줄과의 동조에 따라 융통성 있게 동조하고 있는 것이다.

내가 연구소에서 근무할 당시의 일이다. 연구소 내에서 급박한 팀워크 프로젝트가 닥쳐왔다. 그때의 우리 팀은 팀워크가 매우 좋았다. 게다가 이 프로젝트에 모두가 열정을 갖고 있었다. 프로젝트가 진행될수록 팀원들 모두가 이 일에 몰입하면서 점점 동일한 속도로 각자 맡은 업무를 처리하기 위해 노력하고 있다는 '느낌'을 받았다. 나만 그 속도가 몸으로 느껴진 것이 아니다. 거의 모든 팀원들이 알 수 없는 공동의 템포감을 느꼈다. 팀원들 간의 개인적 신뢰감이 이 템포감을 더욱 부추긴다는 느낌도 받았다. 그리고 그 프로젝트를 함께 완수했을 때의 성취감이란. 나 혼자 어떤 일을 완수했을 때의 느낌과는 비교할 수 없을 정도로 커다란 감정이었다. 나는 이 경험에서 '어? 내가 이들과 앙상블 연주를 함께 하고 있는 것 같다'는 느낌을 받았다. 연구소에서의 그 경험은 연주보다 훨씬 긴 시간 동안 일어나기 때문에 연주만큼 강렬하게 다가오지 않을 뿐이다. 공동체의 구성원으로서 공동의 프로젝트를 수행할 때 자기도 모르게 팀원들 간의 공동 속도에 자신의 지적·신체적 활동이 동조되는 현상, 그 현상이 매우 집약되어 나타나는 것이 '함께 음악을 연주함'이 아닐까?

인간은 앞에서 언급한 자연환경과의 생물학적·생리적 동조 외에도 사회적·문화적으로 형성된 시간들, 예를 들어, 업무 시간이나 과제 마감, 문화적으로 형성된 계절의 변화(봄만 되면 여자들이 새 옷을 산다든지, 가을만 되면 괜히 외로움을 느낀다든지), 낮과 밤에 대한 사회적 정의(예를 들어 '서머타임'), 주중과 주말(토요일이 휴일이 되기 전과 되고 난 후의 우리 삶의 패턴의 변화를 생각해보라) 등 임의로 만들어졌지만, 우리에게 영향을 미치는 주기 등에 강하게 동조되는 경향이 있다. 그러니까 사람들은 서로 다른 여러 종류의 시간 틀 속에서 자신을 맞춰나가야 한다. 마치 다른 북에 맞춰 행진하는 것처럼 말이다. 그러니 그건 분명 누군가에게는 몹시도 피곤하고 벅찬 일일 수 있다.

맥그래스와 켈리는 《시간과 인간 간 상호작용: 시간의 사회심리학을 향하여(Time and Human Interaction: toward a social psychology of time)》(1986)라는 책에서 이러한 사회적 시간과 다양한 층위에서의 동조가 사회학의 중요한 연구 분야가 되어야 한다고 주장한다. 사회적 동조는 조직원들의 에너지를 최대한 끌어올리려는 리더의 전략이 되기도 하지만, 조직원의 입장에서는 압박감이나 스트레스로 다가오기도 한다. 사회학 분야, 더 정확히는 사회심리학 분야에서는 이러한 사회적 동조가 어떤 조건에서 어떻게 일어나는지, 또 그 효과와 부작용은 무엇인지 등이 연구되고 있다.

합주가 이러한 사회적 과정의 축소판이라 불릴 만하다면, 음악가들이 함께 음악을 만들어가는 과정을 사회학적으로 연구해보는 것 역시 충분히 학문적 의미가 있을 것이다. 현악 4중주를 함께 연주한다고 가정해보자. 4명의 연주자는 모두 생활 패턴이 다를 수 있으며, 조금 행동이 굼뜬 사람, 뭐든 재빠르게 처리하는 사람 등 성격과 습관, 좋아하는 소리에 대한 취향, 개인적인 시간에 대한 감각 등이 다 다를 수 있다. 그런 4인의 연주자들은 어떻게 공동의 시간을 만들어갈까? 연주자마다 '내가 생각하는 모차르트의 시간'이 다를 수 있다. 이 생각의 다름을 어떻게 조화시킬까? 제1바이올린 주자의 리더십에 절대 복종할까? 음악의 부분마다 리더가 달라질까? 앙상블 리더의 리더십의 유형에 따라 연주 결과는 어떻게 달라질까? 어떤 경우에 가장 조화로운 연주 결과가 얻어지는가? 등의 문제는 사회적 동조와 음악학적 관점이 서로 만날 수 있는 좋은 주제다.

심지어 나는 콰르텟 연주자에게서 좋은 사운드를 만들기 위해 목욕을 같이 한다는 이야기까지 들은 바 있다. 그들은 마음을 하나로 만들기 위해 이런 수고도 마다하지 않는다. 완성된 연주를 보여주기까지 연습 과정에서 연주자들 간의 전쟁은 음악을 듣는 청중들이 상상할 수 없을 정도로 치열하다. 연주자들의 치열함은 최고의 앙상블이 이루어지는 순간 느껴지는 절정, 그 순간을 향해 있다. 여기에 이르기 위해서는 연주자 개개인의 실력은 말할 것도 없고, 다른 연주자에 대한 믿음과 인정, 연습 과정에서 서로에게 보여주는 성실함, 협력적 태도, 이상적 사운드에 대한 서로 간의 합의 등 매우 사회적인 테크닉과 태도가 중요한 전제 조건이 된다.

　　재즈 뮤지션들 간의 연주 과정에서 벌어지는 사회적 상
호작용에 대한 면밀한 분석은 몬슨(Ingrid Monson, 1996)이나 베
를리너(Paul Berliner, 1994)에 의해 이미 수행된 바가 있다. 문제
는 연주자들 간의 이 같은 사회적 상호작용이 어떻게 연습 과정
에서 점점 차오르는, 그리고 음악적 연주 순간에 정점에 이르는
'연주자들 간의 사회적 동조(서로 간 일체감을 느끼는 상태)'로 이
어지는지에 대한 구체적 메커니즘을 찾기가 어렵다는 점이다.[11]
그런데 이 문제를 '감정적 동조'라는 관점에서 관찰하면 실마리
를 찾을 수 있을까?

 감정적 동조

종교적인 행사나 광화문 광장에서 군중들이 함께 노래 부를 때, 가슴이 뜨거워지는 경험을 한 적이 있을 것이다. 물론 반문할 수 있다. 노래에는 리듬만 있는 것이 아니라 멜로디, 화성이 있고 무엇보다 가사가 있다. 이 모든 것들이 작동해서 감동이 오는 것이니까, 리듬의 동조 현상만으로 이 감동을 설명할 수는 없다고 말이다. 그러나 리듬만으로도 이러한 감정을 어느 정도는 일으킬 수 있다. 그룹 퀸의 〈We will rock you〉 시작 부분에는 노래가 들어오기 전까지 꽤 오랫동안 '쿵 쿵 짝-' 리듬만 나온다. 우리 몸의 반응은 이미 여기서부터 시작되지 않던가? 친구들과 춤추러 가면 클럽 입구에서부터 쿵쿵거리는 리듬이 들린다. 그러면 이미 심장이 나대기 시작하지 않던가? 중세 영화나 사극의 전쟁 장면에서 양쪽 진영이 멀리서 대치하고 있을 때, 그래서 막상 맞부딪히는 순간보다 더 무섭고 긴장되는 맞대결

의 상황에서, 커다란 북소리에 맞춰 발을 구르고 소리를 지르는 장면을 봤을 것이다. 군사들에게 두려움을 없애고 '우리는 하나'라는 감정을 불러일으키는 데 이 만큼 효과적인 행동은 없을 것이다.

진화심리학자 조제프 조르다니아(Joseph Jordania)는 수렵 생활을 했던 시절부터 인류는 이미 이러한 방법을 사용했을 것으로 보고 있다.[12] 그는 호미니드들이 나무 위에서의 생활에서 땅 위의 생활로 내려오게 된 환경적 변화에서 육지의 포식자들로부터 스스로를 지키거나 다른 그룹의 호미니드들과 맞서게 되는 상황에서 같은 리듬으로 합창하기를 했을 것으로 보고 있다. 그는 이 행위가 '전투 시의 초월, 혹은 접신 상태(battle trance)'라 부를 수 있는 특별한 의식 상태를 만들어 고통이나 두려움을 덜 느끼게 했던 것으로 보았다. 리듬적 음악과 동작으로 유도된 접신된 상태는 진화적으로 매우 유용한 현상이었을 것이다. 전투 시의 초월 상태는 같은 리듬의 음악적 활동이 만들어내는 감정적 동조의 여러 상태 중 하나라고 할 수 있다.

조지타운대학교 메디컬센터의 제시카 필립스-실버와 동료들은 음악 활동에서 나타나는 동조를 시간적 동조(temporal entrainment)와 감정적 동조(affective entrainment)로 구분했다.[13] 시간적 동조는 우리의 몸과 뇌에서 박을 감지하고 박자에 맞춰 몸을 움직이거나 함께 행동을 맞추는 행위다. 반면 감정적 동조는 음악을 하면서 다른 사람과 신체를 맞추거나 시간을 공유할 때 사람 간 유대감이 형성되거나 '그루브'를 느끼는 것 등의 감정적 공유가 일어나는 것을 말한다. 감정적 동조는 다른 말로 '감정적 일치(affective synchrony)'라고 할 수 있다. 이 두 동조는 음악적 공동 작업 시 거의 동시에 나타나는 현상으로 서로 떼어낼 수 없도록 긴밀히 연결되어 있다. 시간적 동조가 잘 이루어질 때 감정적 동조의 강도가 더 높아진다. 실제로 행동을 서로 맞추는 것은 상호 간 유대감, 협력, 전 사회적 행위(pro-social behavior), 심지어 이타주의를 촉진시킨다고 알려져 있다. 보편적으로 함께 노래 부르거나 리듬에 맞춰 몸을 움직이는 행위는 사람을 즐겁게 한다. 왜 같이 행동하면 유대감이 높아지고 기분이 좋아질까?

리듬적 동조가 감정을 이끌어내는 이유에 대해서는 여러 가지 이론들이 있다. 음악 심리학자 닐 토드와 크리스토퍼 리는 리듬적 동조와 감정의 공유 간의 연결에 대하여, 리듬에 맞춰 노래하고 춤추는 행위가 전정계[14]를 자극하여 전정계와 연결되어 있는 변연계[15]까지 움직이는 것으로 보았다. 이것은 일종의 '보상과 자기 강화(rewarding and self-reinforcing)'의 과정으로 볼 수 있다고 했다.[16] 스웨덴의 심리학자 저슬린 등의 설명에 따르면 "음악의 강력한 리듬이 우리 몸의 내적인 신체 리듬(예를 들면, 심장 박동)과 상호작용하고, 이 신체적 리듬이 서서히 공통의 주기에 동조되는데", 미소짓기가 자기수용적 피드백 기제(proprioceptive feedback mechanisms)를 통해 기분이 좋아지듯이, 이러한 동조도 같은 방식으로 감정적 반응을 이끌어낸다고 한다.[17]

또 다른 이론은 동조가 감정을 이끌어내는 원리를 '기대감과 그것의 충족'으로 인한 도파민의 분비와 관련시키는 것이다.[18] 동조는 리듬적 기대감을 일으키는 데 관여한다. 인간은 규칙적인 박을 감지함으로써 앞으로 있을 리듬적 사건을 미리 예측한다. 그렇게 리듬적 기대감이 만들어지는데 이것이 실제로 외부의 리듬적 사건과 일치하거나, 혹은 일치하지 않을 때 발생하는 도파민 분비가 감정을 조절한다는 것이다. 그런데 이 이론들은 동조가 감정을 유발하는 여러 통로 중 하나임을 설명하고 있는 것으로 보인다. 여전히 '자기수용적 피드백 루트' 이론이나 '기대감과 기대감 충족에 의한 도파민 분비' 이론은 왜 여러 사람들이 동시에 합창을 하면 더 감동적인가를 설명해주지는 못하고 있다.

이 문제는 아직 더 설명해야 할 것이 많이 남아 있다. 하지만 인간의 말에 의한 의미론적인 감정 형성과는 다른 방식의 감정 형성이 어떤 메커니즘을 통해 일어나는지를 밝혀줄 수 있는 중요한 연구 주제임에 틀림없다. 이에 대한 후속 연구들을 기대하면서 우리는 이제 진화의 어떤 시기에, 어떤 이유에서 인간의 박동적 동조가 나타났는지 살펴보자.

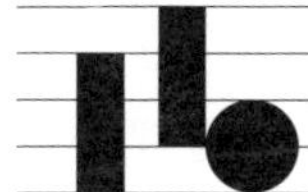 앵무새는 클럽에 갈 수 있을까

리드미컬한 움직임은 동물의 세계에서도 아주 쉽게 찾아볼 수 있다. 헤엄치는 거북이의 두 앞발과 두 뒷발의 움직임을 보라. 만약 거북이 발이 각각 움직인다면 앞으로 잘 나갈 수 있을까? 또 하늘 높이 날아오르는 새의 날갯짓도 마찬가지다. 사냥하는 표범의 네 다리 움직임은 그저 감탄을 자아낼 뿐이다. 인간은 그 정도로 날렵하게 행동하지 못한다. 나는 날파리조차 쉽게 잡아본 적이 없다. 이번에는 기필코 잡으리라 매번 다짐하지만, 날파리는 언제나 내 손의 움직임보다 빠르다. 이들 동물에 비하면 인간은 몸치에 가깝다. 그런데 이렇게 날렵한 동물들이 클럽에 가서 춤을 출 수 있을까?

동물의 세계에서도 외부의 정보에 대한 동조가 일어난다. 앞에서도 말했듯이 아메바에서부터 표범까지 생물의 세계에서 동조는 물리 세계에서처럼 자연스러운 현상이다. 그들도 낮과

밤의 주기 같은 외부 빛의 변화에 동조할 줄 안다. 주기적 행동도 가능하다. 걷거나 날개를 젓는 행위가 모두 주기적 행동이다. 그러나 동물들의 주기적 행동은 신체 기관들끼리의 자동적인 동조 현상으로, 외부의 주기성에 맞춰 신체를 스스로 조절할 수는 없다. 외부의 복잡한 정보에서 박(규칙성)을 추출해내고 거기에 자신의 신체를 스스로 맞출 수 있는 능력, 즉 박에 기초한 동조 능력을 갖고 있는 것은 아니다. 연구 결과에 따르면, 인간에게서 나타나는 것과 유사한 박동적 동조를 할 수 있는 동물은 거의 없다. 만약 동물들에게도 그런 능력이 있었다면, 디즈니 만화에서처럼 아프리카 초원에서 쥐도, 코끼리도, 홍학도, 사자도, 기린도 모두 박에 맞춰 몸을 흔드는 모습을 볼 수 있었을 것이다.

그런데 예외적인 동물이 있다. 다음 동영상을 보면 앵무새가 정말 박에 맞추어 스텝을 밟는 모습을 확인할 수 있다.

심리학자 아니루드 파텔(Anirudh Patel)은 앵무새의 이 행동을 유심히 관찰했다.[1] 이 앵무새는 음악의 박에 발만 구르는 것이 아니었다. 헤드뱅잉도 하고 머리와 발을 같이 구르기도 했다. 분석에 의하면, 박자에 맞춰 모두 14종의 다양한 춤을 출 수 있었다고 한다. 그것은 주인이 가르쳐준 행동을 반복하는 것으로 볼 수 없었다. 심지어 템포 변화를 감지하는 능력도 보였다. 이러한 행동적 특성으로 볼 때, 그 앵무새는 그저 들리는 자극에 대한 반사적인 반응으로 몸을 흔드는 것이 아니었다.

박을 예상하고 몸을 흔들었다. 그렇다면 앵무새도 '위로부터의 영향', 즉 규칙적 진동에 대한 추상화된 패턴을 만들고 그것을 예상한다는 것을 의미한다. 그러므로 꼭 인간이 아니더라도 어떤 생명체든 특별한 조건이 주어진다면 음악의 박자에 맞춰서 몸을 흔들 가능성이 있음을 보여준다. 그러니까 어느 날 음악에 맞춰 춤추는 외계인을 만날 수도 있겠다. 다만 이런 능력이 현재로서는 '야생동물'에게서는 나타나지 않고 있다. 앵무새의 경우에도 사람과 같이 살면서 훈련을 받은 경우에만 이런 행동을 보인다. 또 매우 좁은 범위의 템포에서 제한된 시간 동안만 가능하다.

여기서 파텔 연구팀이 주목한 것은 앵무새가 사람의 말을 따라할 수 있는 능력이 있다는 사실이다. 사실 사람의 말소리 학습 능력은 상당히 복잡한 여러 신체 기관들의 동조에 의해서만 가능하다. 그래서 파텔은 우리의 박동적 동조 능력이 진화 과정에서 말소리 학습(Vocal learning)의 부산물로 생겨난 것이라는 가설(VLRS hypothesis, Vocal leaning and rhythmic synchronization)을 주장한 바 있다.[2] 이 가설은 우리 뇌에서 리듬에 몸을 맞추는 행위를 담당하는 부위가 말소리 학습을 담당하는 회로에 기초하고 있다는 사실로부터 도출되었다. 말소리 학습은 청각적 정보의 입력과 소리를 내기 위한 구강의 운동적 출력 간의 극히 밀접한 연결을 요구하는 능력이다. 리듬에 몸을 맞추는 행위가 가능하려면, 바로 청각과 운동 시스템 간의 실시간 통합능력이 갖추어져 있어야 한다(앞 장에서 언급한 '청각-운동신경

간 연결고리'를 잘 기억해두길). 실제로 해부학적으로 새의 뇌에서 노래를 따라 부를 때 이를 담당하는 회로가 기저핵(basal ganglia) 부위에 있는데, 그곳의 해부학적 구조가 새와 인간이 매우 유사하다고 한다. 그 덕분에 새들은 다른 새의 울음소리를 그대로 따라할 수 있다. 이 가설에 따르면, 다른 동물에서는 안 나타나고 유사한 구조를 갖고 있는 조류에서만 나타나야 한다. 새들은 다른 새의 울음소리를 그대로 따라할 수 있으니 말이다.

하지만 자연 상태의 다른 조류들에게는 박자를 맞추어 춤을 추는 사례가 아직 발견되지 않았는데, 유독 집에서 기르는 앵무새에게서만 이러한 사례가 보고되었다. 이 점이 대단히 중요하다. 집에서 키우는 새는 이 같은 행동을 했을 때 주인에게서 칭찬과 보상을 받는다. 그래서 파텔 등은 이 능력이 발현되고 유지되기 위해서는 자연 상태의 생존에 필요함이 아니라 이 능력으로 인해 다른 개체와 더 가까운 관계를 맺는다든지 하는 사회적 필요성이 요구되는 것 같다고 보았다.

그런데 파텔의 가설에 반대되는 증거가 나타났다. 박자에 맞춰 고개를 흔드는 바다사자가 나타난 것이다.[3] 바다사자는 새처럼 말소리를 따라할 수 있는 능력을 갖고 있지 않다. 그런데도 박자에 맞춰 몸을 흔들 수 있다니 파텔의 '말소리 학습' 가설은 더 이상 사실이 아닌 듯하다. 바다사자 '로난'의 영상을 보면 기가 막힌다. 로난이 고개를 흔드는 속도는 음악의 비트와 거의 일치한다. 즉 소리를 듣고 반응하는 것이 아니라 다음 소리를 예상하고 나오는 반응이었다. 또 음악이 진행되다가 템포가 변하면, 변경된 템포에 금방 반응해 고개를 흔들었다. 지금까지 학자들은 말소리를 흉내낼 수 있을 정도로 정교한 뇌 회로가 있어야 리듬에 몸을 흔들 수 있다고 생각했는데, 그 가설을 깨는 동물의 사례가 처음으로 발견된 것이다. 그렇다면 리듬에 몸을 맞출 수 있는 능력은 생각보다 많은 종에 퍼져 있을 수 있고 그것을 담당하는 신경회로에 대해서도 말소리 학습에만 국한하지 말고 좀 더 폭넓게 생각해봐야 한다는 주장이 가능해졌다.

지금까지의 이야기를 정리해보면 이렇다. 동물도 리듬에 맞춰 활동한다. 그냥 활동하는 정도가 아니라 우리보다 훨씬 더 날렵한 동물도 많다. 그러나 박에 기초해서 자신의 행동을 조절하는, 즉 복잡한 리듬 정보로부터 박을 추출하고 거기에 자신의 행동을 맞출 수 있는 능력은 몇몇 예외적인 동물들만 가능하다. 처음엔 말을 따라할 줄 아는 앵무새가 박에 맞춰 춤을 추는 것을 보고 '말소리 학습'과 관련이 있다는 가설이 나왔으나 지금은 말을 따라할 줄 모르는 바다사자 같은 다른 동물에게서도 이런 능력이 발견되어, 이 문제에 대한 다른 시각의 연구가 필요하게 되었다.

　　최근에는 '융합'이 대세다. 음악학도 예외가 아니라서 생소한 신조어를 단 음악학들이 많이 생겨나고 있다. 그중 하나가 'Zoomusicology'라는 분야다. 우리말로 번역하면 '동물음악학' 정도가 되겠다. 동물의 음악-유사적 특성, 음악-유사적 능력에 관한 연구를 한다.

　　우리에게는 음악과 젖소의 우유생산량의 관계에 대한 연구로 널리 알려져 있다. 연구자들이 젖소에게 느린 음악(100bpm 이하)과 빠른 음악(120bpm 이상)을 하루 12시간씩 9주 동안 들려주고 우유생산량을 비교했더니, 느린 음악을 들은 젖소들의 생산량이 3% 정도 더 많았다는 결과가 나왔다.

　　그 외에도 이 분야의 흥미로운 연구를 몇 가지 소개하면 다음과 같다. 1984년 포터와 노이링거(Porter & Neuringer)는 비둘기에게 바흐의 음악과 스트라빈스키의 〈봄의 제전〉을 들려주고 그때마다 각각 다른 접시에 있는 먹이를 먹도록 비둘기를 훈련시켰다.[4] 그랬더니 비둘기들이 두 음악을 구별하기 시작했다. 얼마 지나서는 같은 작곡가의 다른 음악을 구별해냈고 다른 작곡가들의 비슷한 양식(바흐의 음악은 바로크 양식이고, 스트라빈스키의 음악은 현대 음악이다)의 음악도 구별해냈다.

　　더 최근에는 잉어를 대상으로 비슷한 실험을 해보았다. 이번에는 블루스와 클래식 음악을 같이 들려주고 훈련했는데, 얼마 후 잉어 역시 전혀 들은 적 없는 곡도 블루스인지 클래식 음악인지 장르를 정확하게 구별해낼 수 있었다. 머리 나쁜 동물의 대명사인 조류와 어류가 음악의 장르를 사람처럼 범주화할 수 있다니, 우리는 이것을 어떻게 설명할 수 있을까?

물론 이 동물들이 우리가 생각한 대로 두 음악을 장르로서의 차이를 느껴서 구분했는지, 아니면 우리가 생각지도 못한 특정 주파수나 여타 다른 특징 때문에 구분할 수 있었던 것인지에 대해서는 여전히 논쟁 중이다. 또 다른 문제는 그들이 먹이를 주지 않았을 때도 그냥 자연스럽게 선호하는 음악이 있을까 하는 것이다.

아무튼 이러한 연구 결과는 '어라? 동물들이 생각보다 우리랑 비슷하네'라는 생각이 들게 한다.

다른 개체와의 공동 행동: 개구리들의 합창

자연 상태에서 인간처럼 '박에 맞춰' 행동하거나 전조 현상이라 할 만한 행위를 하는 동물이 또 있을까? 개미는 사회적 협력을 하는 동물이지만 발을 맞춰서 행진하지는 못한다. 철새들의 비행에서 새들이 날갯짓을 서로 맞추는 것은 선두에 선 새의 날개짓이 만들어내는 공기의 기류 때문인 것으로 밝혀졌다. 또한 이것은 철새들의 V자 비행의 원인이기도 하다. 리더 철새의 날갯짓이 양 옆으로 상승 기류를 만들기 때문에 뒤따르는 새들은 상승 기류에 편승하면서 좀 더 쉽게 날 수 있다. 그러다 보니 자연스럽게 V자 편대가 만들어지는 것이다. 그런데 상승 기류에 올라탄 새들이 날갯짓을 맞추지 않으면 날기가 매우 힘들다. 새들의 비행 영상을 살펴보면 상승 기류에 탄 새들은 날갯짓을 맞추고 그렇지 않은 새들은 자유롭게 날갯짓을 하고 있는 것을 볼 수 있다. 그러므로 이것은 개체 간 동조로 보기 어렵다.

이들과 달리 실제로 다른 개체들에 자신의 행위를 맞추는 동물들이 있다. 반딧불이의 깜빡거림이나 개구리들의 합창이 그것이다. 이를 '개체 간 동조'라고 한다. 이들은 왜 행위를 맞추려고 할까? 동물의 세계에서 다른 개체들과 행동을 맞추는 것은 유리한 상황을 만들지 못할 때가 많다. 빨리 도망가거나 사냥을 해야 할 때는 불리한 행동이다. 게다가 포식자들에게 집단적으로 우리가 여기 있음을 알리는 행동이기도 하다. 이에 대해 생물학자 마이클 그린필드(Michael D. Greenfield)는 동물들이 이러한 행위를 하는 이유를 '협력과 경쟁'으로 설명했다.[5]

다 같이 행동하는 것은 암컷들의 성적 관심을 끌기 위한 행위라고 볼 수 있다. 즉 혼자 쇼하는 것보다는 여럿이 하면 훨씬 관심을 집중시키기가 수월하다. 우리도 그렇지 않은가! 솔로가수보다는 여러 명이 함께 나오는 아이돌 그룹이 대중의 관심을 더 빨리, 더 성공적으로 받는다. 그러나 일단 집단적으로 군무를 추는, 혹은 합창을 하는 수놈들의 행위에 암놈들이 관심을 보이기 시작하면, 그다음에는 수놈들끼리 자기가 더 잘 보이기 위해 경쟁하기 시작한다. 그래서 그 경쟁으로 인해 집단 군무 중 몇 놈이 먼저 튀어나가는 놈들이 꼭 생기고 그로 인해 집단 군무의 타이밍이 재설정되는 상황이 발생한다. 밤에 시골 연못에서 개구리 떼가 합창하는 소리를 들어보면 그걸 확인할 수 있다. 하나가 시작하면 곧 다 같이 떼창을 한다. 그 합창이 어느 정도 맞는다 싶으면, 꼭 그중 몇 놈이 먼저 튀어나온다. 그렇게 합창이 흐트러졌다가 다시 맞춰지기를 반복한다.

그런데 이들의 행위와 인간의 집단군무 간에는 결정적인 차이가 있다. 행위 맞춤의 방식에는 '위상 수정(phase correction)'과 '주기 수정(period correction)'이 있다. 위상 수정은 타이밍이 맞지 않았을 때, 바로 반응하여 내 행동을 얼른 조정해서 같이 맞추는 것을 말한다. 주기 수정은 다른 사람과 걷는 속도가 안 맞을 때 발을 맞추는 행동이다. 이것은 주기 자체가 조정되고 있을 때 거기에 맞추는 것이다. 동물들은 위상 수정만 가능한 것으로 알려져 있다. 반딧불이나 개구리 합창에서 나타나는 현상도 위상 수정이다. 하지만 인간은 이 두 가지 수정이 다 가능하다. 동물들 집단에서 나타나는 집단적 때맞음 행위들은 대개가 1:1, 즉 하나의 소리 자극에 대한 하나의 반응이라고 할 수 있다. 인간들의 경우에는 여러 복잡한 리듬에서도 박을 추출하여 거기에 대응할 수 있다. 또한 다양한 템포에서도 가능하다.[6]

다른 개체와 노래 주고받기: 새와 원숭이들의 이중창

이중창(duetting), 또는 이어받기(turn-taking)라고 불리는 행동을 하는 동물이 있다. 이것은 앞에서 언급한 개구리들의 동시 합창이나 집단군무에서 보이는 '동시에 노래하기'와 다르다. '동시'가 아니라 시간적 연속으로 나타나는 현상이라는 점에서 차이가 있다. 원숭이나 새들 중에 암수가 함께 이중창하는 경우가 종종 있다.[7] 학자들은 이중창이 암수의 결합을 강화

사진) 긴팔원숭이 암수가 함께 노래 부르고 있는 장면

한다거나 영역 방어, 혹은 과시의 기능도 하는 것으로 보고 있다.[8] 이것은 이 행위의 분명한 사회적 성격을 보여준다. 자신의 생존과 번식의 성공을 위해 서로의 협조가 절실히 필요한 처지일 때 이중창을 부르는 것이다. 그러나 이 이중창은 타이밍이 규칙적이거나 잘 콘트롤된다고 볼 수는 없다. 즉 박을 서로 공유하는 상태에서 주고받기가 일어나지 않는다. 또한 대화처럼 서로 간 의미가 전달되는 것도 아니다. 다만 마치 원숭이 사회에서 털 고르기 행위가 그루밍의 한 방편이듯, 감정적 그루밍의 효과가 있는 것으로 보고 있다.

# 원숭이는 춤출 수 있을까?

이쯤 되면 인간과 계통상 가까운 원숭이, 침팬지, 고릴라에게 박자를 맞추는 행위, 혹은 유사한 어떤 행동이 있어야 하지 않나 하는 생각이 들 것이다. 그러나 연구에 따르면 아직 유인원들에게서 앵무새가 음악을 듣고 박을 두드리는 사례와 같은 경우는 발견되지 않았다. 또한 개구리처럼 동시에 박을 맞춰 합창하거나 움직이는 경우도 없었다.

침팬지의 경우, 키보드의 키를 번갈아 규칙적으로 치도록 훈련할 수는 있다. 혹시 이 행위를 메트로놈에 맞춰서 할 수 있나를 실험해보았더니, 자신의 운동 속도에 가까운 메트로놈에는 조금 영향을 받는 듯했지만, 그 속도보다 더 느리거나 빠른 자극에는 전혀 신경을 쓰지 않았다고 한다.[9]

학자들은 원숭이를 대상으로 보다 정밀한 실험을 해보았다. 붉은털원숭이를 오랜 시간 훈련한 후, 메트로놈 자극을 여러 속도 범위에서 주고 자극과 동시에 버튼을 누를 수 있는지 알아보았다. 이 실험에서 붉은털원숭이는 자극보다 약 100-250밀리세컨드 정도 늦게 눌렀다. 하지만 사람은 같은 실험에서 대개의 경우, 자극보다 먼저 누르는 경향이 있었다. 다음 타이밍에 대한 기대감이 넘쳐 서두르는 것이다.[10] 다음 나올 박의 주기를 미리 예측하는 이 능력은 앞에서도 본 바와 같이 인간이 말하거나 음악할 수 있게 하는 매우 중요한 능력이다. 그러니까 원숭이는 이 능력이 없거나 사람보다 현저히 떨어진다고 볼 수 있다. 그러나 그들에게 이 능력이 완전히 없다고 보이지는 않는데, 왜냐면 자극이 불규칙적으로 나타날 때보다는 주기적으로 나타날 때 불일치의 정도가 줄어드는 것으로 나타났기 때문이다. 이것은 그들도 미약하나마 예측적 리듬 행동을 하고 있음을 보여준다.[11] 또한 그들은 메트로놈처럼 규칙적인 간격으로 소리가 들릴 경우 한 번 소리가 빠지거나 하면 반응을 보이지만, 리듬이 조금만 복잡해지면 그로부터 박을 추출해서 반응하지는 못 한다.[12]

유인원들이 자연 상태에서 소리와 행위를 서로 연결하여 규칙적인 소리에 동조하는 행위를 보여주는 사례가 있긴 하다. 유인원들은 '소리 지르기(loud calls)'를 할 때 꼭 일정한 패턴의 가슴 두드리기나 팔을 흔드는 행위를 한다. 특히 침팬지들의 '팬트-훗팅(pant-hooting)'이나 보노보노들의 '훗팅(staccato hooting)'이라고 하는, 짧게 '후 후 후 후후 후…' 하는 소리가 있다. 제인 구달의 영상을 보면, 이 후후거

림을 볼 수 있다. 일정한 간격이라기보다는 점점 빨라지는 속성을 갖고 있다. 그러나 잘 관찰해보면 점점 빨라지면서 행동도 빨라지고 소리도 커지며 절정에 이르러서는 비명소리처럼 들리는 긴소리를 1회 내지는 여러 번 낸 후 다시 처음처럼 서서히 가라앉는다. 이때 침팬지의 소리와 몸의 움직임이 동조하는 것을 볼 수 있다.

그래서 이러한 결과를 바탕으로 어떤 학자들은 원숭이들의 경우 청각과 운동신경의 연결이 미약한 초기 단계를 보여주는 것이고 이것이 진화하면서 인간에 이르러 청각과 운동신경 간의 연결이 강화되어 박에 맞추어 행위를 조절하고 즐길 수 있는 능력을 갖추게 된 것으로 보고 있다.[13]

연구에 따르면, 이 팬트 후팅은 아무 때나 일어나는 행동이 아니라 특정한 상황에서 어떤 신호로 사용된다. 예를 들어 개체가 집단으로 복귀할 때나 낯선 존재가 나타날 때, 먹이가 있는 곳에 도착했을 때, 적의를 내보일 때, 먹이를 잡았을 때 사용된다고 한다.[14] 또한 침팬지 집단에 따라 고유한 팬트 후트를 가지고 있음도 발견되었다. 이는 자기 집단을 이웃 집단과 차별화하기 위해서라고 한다. 이처럼 이 신호가 그들 집단에서 사회적 의미를 갖고 있다는 점을 눈여겨볼 필요가 있다.

리듬적 동조 현상과는 관계가 없지만, 진화의 관점에서 '사람 간 동조'가 왜 즐거움과 연결되었는가를 보여주는 유사한 현상이 침팬지류의 행동에서 발견된 바 있다. 침팬지들은 그룹으로 나눠서 채집을 나갔다가 잘 익은 열매를 발견하거나 아니면 서로 떨어져 있던 그룹이 다시 만나게 되면, 거의 광란에 가까운 축제를 벌인다고 한다. 이를 동물학자들은 '축제쇼(carnival display)'라고 부른다는데, 이 축제의 장에서 침팬지들은 소리를 지르고, 뛰고, 쿵쿵거리고, 나무 사이를 매달려 다닌다고 한다. 물론 여기에 함께 행동을 맞춰서 춤추거나 하는 리듬적 동조의 형식을 보이지는 않지만, 이 축제는 몇 시간, 혹은 밤을 새워 지속되기도 한다.[15] 이렇게 노는 방식이 어쩐지 우리에게 익숙하다. 한창 열기로 가득 찬 이태원 클럽과 다를 바가 없는데 딱 하나의 차이가 있다. 이 정글의 축제에는 "비트가 있는 음악"이 없다.

박에 맞춰 행동하는 동물과 춤 추는 아기

동물에게서 보이는 리드미컬한 행동들은 새의 날갯짓이나 네 다리로 걷기 같은 자동 반복 행동에서부터 일부 앵무새와 바다사자가 할 수 있는 '박에 맞춰 스텝 밟기', 반딧불이나 개구리들이 보여주는 '개체 간 공동 행동', 새들이나 긴팔원숭이들이 보여주는 '소리 주고받기', 유인원들이 보여주는 '음성과 주기적 행동의 연결'까지 매우 다양하다. 이런 행동들이 모두 인간의 '박에 맞춰 행동하기'와 유사하긴 하지만 몇 가지 점에서 큰 차이가 있다.

첫째, 인간은 소리 자극을 들으면 거기서 규칙성을 추출하고 다음 소리를 예측하여 거기에 행동을 맞추는 능력을 갖고 있다. 그래서 메트로놈에 맞춰 손가락 두드리기를 하면 다음 자극보다 살짝 먼저 나오는 것이다. 그러나 원숭이나 침팬지들은 규칙적인 소리 자극에 맞춰 규칙적으로 행동할 수 있는 것으로 보이지만 자세히 보면, 그들은 소리 자극 후에 반응하는 방식을 취한다. 앵무새나 바다사자 같은 몇몇 특별한 동물들은 음악에서 박을 추출할 수 있지만, 그들이 박을 추출할 수 있는 템포는 극히 좁은 범위이고 규칙성도 뚜렷한 음악이라는 제한이 있다.

둘째, 인간은 복잡한 리듬에서 박과 분박을 구분해서 위계적으로 듣고 각각의 위계에 행동을 맞출 수 있다. 뿐만 아니라 다양한 템포에서 규칙적인 행동을 조절할 수 있으며 자유자재로 '점점 빠르게, 점점 느리게'를 콘트롤한다.

셋째, 앵무새와 바다사자는 일정한 범위에서 템포 변화에 행동을 맞출 수 있었다. 그런데 이 행동은 자연적 환경에서 나타나는 것이 아니라 특별한 사회적 조건하에서만 가능한 것이었다. 즉 주인이나 조련사의 훈련이 있어야만 가능한 것들이기에 이 사례를 자연적 진화 과정에 대한 근거로 끌어들일 수는 없다. 또한 이들의 경우에도 박에 기초한 행동을 집단적으로 하지는 못한다.

넷째, 인간은 '박에 맞춰 행동하기'를 집단적으로 하기 좋아한다. 혼자 춤추는 것도 좋아하지만 코로나 시국에도 기어이 클럽을 가서 함께 춤추고자 한다. 동물 중에서도 집단적으로 행동을 맞추는 종들이 있다. 개구리의 합창이나 반딧불이의 깜빡임을 예로 들 수 있는데, 이 행위들은 여러 주기에 위계적으로 대응한다기보다는 오로지 하나의 주기에 반응한다.

그렇다면 이제 인간이 어쩌다가 이러한 능력을 갖게 되

었는지의 문제로 들어가보자. 일단 인간의 성장 과정을 살펴볼 필요가 있다. 인간 아기들은 날 때부터 박을 감지하고 박에 맞춰 움직일 수 있을까? 아니면 아기들에게도 앵무새나 바다사자가 받았던 것 같은 훈련과정이 필요할까?

. . .

교실에서 아이들이 시끄럽게 떠들면 교사들은 "자, 따라 하세요" 그러면서 박수를 세 번 친다. 그러면 놀랍게도 모두 그 소리에 귀 기울이면서 조용하게 교사를 따라서 박수를 친다. 우리는 규칙적인 주기성에 대한 선호가 있다.[16] 이것은 갓 태어난 아기들도 보이는 성향이다. 규칙적 자극에 대한 선호 현상이 엄마들이 아기들에게 노래를 불러주며 박자에 맞춰 흔들거나 엉덩이를 토닥이는 현상에서 훈련되는 것이라며 생후 1년 내에 배워서 획득한 기질이라는 주장이 있기도 하다.[17] 그러나 최근의 연구는 생후 2~3일 된 아기들도 규칙적 자극에 대한 선호 현상을 이미 갖고 태어나는 것으로 밝혀졌다. 뿐만 아니라 아기들은 박자에도 민감한 것이 발견됐다. 이것은 인간으로 진화하는 과정의 어디에선가 복잡한 패턴의 리듬에서 규칙성의 위계적 구조를 추출하는 능력을 갖게 된 것으로 볼 수 있다.

그러나 아기들이 박에 맞춰 행동할 수 있는 시기는 생각보다 늦다. 앞에서 말했듯이 규칙적 리듬을 느끼고 선호하는 것과 그것에 맞춰 행동할 수 있는 것 사이에는 약간의 차이가 있다. 말하는 능력에 비유할 수 있겠다. 인간이면 누구나 말을 할 수 있다. 미국 아기는 자라면서 말을 할 줄 아는데, 파푸아뉴기니에서 태어난 아기는 다 자라도 말을 못한다든지 하는 것이 아니다. 촘스키의 표현을 빌리자면, '우리는 말할 수 있는 보편적 문법을 마음속에 갖고 태어'난다. 그러나 말하는 능력이 발현되기 위해서는 학습할 시간이 필요하다.

마찬가지로 박에 맞춰 행동하는 것도 학습할 시간이 필요하다. 물론 아기들의 평상시 행동 자체도 나름 리드미컬하다. 또 규칙적인 박동을 불규칙한 박동보다 선호한다. 그래서 아직 기어다니는 아기들도 음악을 들으면 흥분을 하고 그 기쁨을 손짓과 몸짓으로 표현한다. 걷기 시작하는 아기들은 제대로 걷지도 못하면서 음악만 나오면 반복적인 동작을 한다. 그러다 음악이 갑자기 뚝 끊어지면 짜증을 내거나 운다. 그 정도로 음악을 좋아하지만 아직은 박에 자신의 동작을 완전히 맞출 수는 없다.

음악의 박에 행동을 정확하게 맞추는 능력은 일반적으로 4세가 되기 전에는 나타나지 않는다고 알려져 있다.[18] 4세 아이들도 박에 몸의 움직임을 맞출 수 있다고는 하지만, 특정한 템포 범위 내에서만 가능하고 이 능력은 4~10세까지 점점 성장한다. 3~11세까지 아이들의 박에 맞춰 손가락 두드리기 능력을 관찰한 연구자들은 3세의 경우 $2Hz$(120bpm 정도에 해당한다)에 해당하는 속도에만 보통으로 탭했고 다른 템포에는 잘 적응하지 못했으나, 5세부터는 적응 능력이 확실히 좋아지는 것을 느낄 수 있었다고 한다.[19] 그러니까 4세까지는 특정 주파수(2Hz -침팬지나 고릴라도 이 주파수에서 가장 잘 반응한다) 가까이에서만 반응하다가 이 영역이 점점 넓어지는 것으로 보고 있다.

인간은 '박'을 느끼고 규칙적 박을 선호하는 능력을 마음속에 갖고 태어나지만, 태어나자마자 바로 박에 맞추어 행동을 제어할 수 있는 것은 아니다. 훈련을 받아야만 가능하다. 엄마에게 특정한 모국어를 배움으로써 말을 할 수 있게 되듯이, 박에 기초한 행동도 서서히 해당 문화로부터 그 방식을 배운다. 그래서 아프리카의 문화에서 자란 아이가 박자를 타는 방식과 아랍인이 박자를 타는 방식, 우리나라 사람들이 박자를 타는 방식이 조금씩 다를 수 있다. 그들의 언어가 다 다르듯이 말이다.

아기들도 앵무새나 바다사자처럼 박에 맞춰 행동하기 위해서는 '훈련'이라는 특별한 사회적 조건이 필요하다. 사람에게는 훈련을 해야한다는 사회적 이유가 있었던 반면, 동물에게는 훈련을 해야겠다는 사회적 조건이 진화 과정 중에 생기지 않았던 것 같다. 그렇다면 인류에게 그 '훈련'을 하게 한 트리거는 무엇이었을까?

박에 맞춰 행동하도록 부추긴 트리거

요즘 사람들이 언제 박에 맞춰 행동하는가를 관찰하면 어쩌다 우리가 이 훈련을 하게 되었는지, 그리고 왜 이러한 기재를 발달시켰는지에 대한 몇 가지 힌트를 찾을 수 있다. 이에 대해 중요한 두 가지 사실이 밝혀졌다. 우리의 박에 기초한 행위에는 선호하는 템포가 있는데, 그 템포가 우리의 걸음걸이 속도와 가장 가깝다는 것이다. 그리고 다른 하나는 우리들이 이 행동을 다른 사람과 함께 하기를 좋아한다는 것이다.

두 발로 걷기

사람들은 어떤 리듬을 들으면 무조건적으로 동조하려는 성향을 갖고 있을까? 그렇지는 않다. 우리가 모든 음악에 동조하는 것은 아니다. 스타인스와 여러 학자들이 음악의 템포가 사람들의 동조적 걷기에 어떤 영향을 미치는지 연구했다.[20] 그들은 참여자들에게 45분 동안 50~190bpm에 이르는 다양한 템포의 음악, 혹은 메트로놈을 틀어놓고 거기에 맞춰 걸어보라고 주문했다. 걸음걸이에 가장 잘 맞는 구간은 106-130bpm이었다.

보노보나 다른 몸집이 큰 유인원들의 리듬적 패턴도 이 템포에서 가장 많이 나타나고 있으며, 이 템포는 그들의 행동과 밀접하게 관련되어 있다는 것이 정설이다. 그렇다면 인간도 마찬가지일 것이다. 특히 인간은 직립보행을 한다. 걸을 때 두 발이 교대로 착착 동일한 간격으로 걷는 것이 가장 효율적이다. 계속해서 그런 걸음을 걸으면서 자연스럽게 걸음걸이 속도에 맞는 박에 대한 사람들의 선호가 생겼을 것이라는 이론이 있다.[21]

그렇다고 두 발로 걷는 것이 박에 동조하려는 경향의 원인이라고 볼 수 있을까? 여기에는 논리적 비약이 있는 것 같다. 두 발로 걷는 것만으로 동조된다면 사람들이 걸을 때 자동적으로 발맞춤이 일어나야 한다. 그런데 항상 그렇지는 않다. 우리가 일상에서 자주 경험하지 않는가? 광화문이나 시위 현장에서 수많은 사람들이 행진을 시작하면, 자연스럽게 그들의 발이 서서히 맞춰진다? 그런 일은 일어나지 않는다. 런던다리 사건[22]은 그것이 다리 위였기 때문에 일어난 일이다. 일반적인 평지에서는 누군가가 구령을 주거나 요구하지 않는 한, 그런 일은 일어나지 않는다.

학자들은 사람들이 음악에 발을 맞추어 걷는 일이 무의식적으로 일어나는지 실험해보았다. 실험실의 제한적인 상황과 일반적인 상황에서도 함께 살펴보았는데, 사람들은 특별히 지시하지 않으면 음악에 맞춰 걷지 않는다.[23] 다만 사람들은 빠른 음악을 들으면 걷는 속도가 빨라지고, 느린 음악을 들으면 걷는 속도가 느려지기는 했다. 음악의 속도에 따라 몸의 움직임이 영향을 받기는 하지만, 비트가 빠른 음악을 듣는다고 우리 몸이 무조건적으로 비트에 맞춰서 빠르게 움직이는 것은 아니었다. '음악의 비트에 맞춰서 걸으시오'라는 지시가 있어야만 사람들은 음악에 맞춰 걸었다. 군대 행진처럼 사람들이 서로 맞춰서 걷는 일, 음악에 맞춰 몸을 움직이는 것은 의식적으로 움직여야만 가능한 일이다.

그렇다면 우리가 박에 맞춰 몸을 흔들 수 있게 된 결정적인 트리거는 두 발로 걷게 된 것이 아니다. 충분조건이긴 해도 필수조건은 아닌 것이다. 두 발로 걷게 된 후 어느 시기, 어떤 이유 때문에 발이나 행동을 맞출 필요가 생긴 것이다.

사회적 협력

노르웨이 오슬로대학교에서는 매년 〈가만히 있기 대회(Championship Standstill)〉를 개최한다.[24] 참가자들은 7분 동안 가만히 있어야 한다. 그 7분 동안 고요하게 유지되기도 하고, 음악이 나오기도 하고, 메트로놈 소리만 들리기도 하는 등 다양한 소리가 나는 중에 참가자들은 절대 움직이면 안 되는 미션을 수행한다. 참가자들의 움직임은 카메라를 통해 정밀하게 추적되었다. 우선 첫 번째 발견한 사실은 우리의 몸이 잠시도

가만히 있지 못한다는 것이었다. 모든 사람에게서 아주 미세한 움직임이 거의 모든 순간 감지되었다. 그런데 그 움직임은 음악을 들을 때 유의미하게 더 커졌다. 120bpm 근처의 비트를 가진 음악이 들릴 때 가장 많은 움직임이 포착되었다. 연구자들은 왜 사람들이 이 템포에서 민감하게 반응하는가에 대해 '이 속도가 바로 우리의 걷는 속도와 가장 가까운데, 우리가 매일 하는 활동 중에 가장 많은 활동이 걷기이므로 이 속도의 리듬감이 몸에 밴 것이 아닌가' 추측했다.

두 번째로 연구자들이 발견한 것은 리듬의 규칙성이 우리를 움직이는 데 매우 중요한 요소 중 하나라는 점이다. 노르웨이 음악 중 '텔레스프링가르(Telespringar)'라는 춤음악이 있다. 이 음악은 박자가 불규칙하다. 이 음악에는 우리의 몸이 많이 움직이지 않는다. 춤음악임에도 말이다. 반면 디스코텍이나 클럽 음악에는 우리 몸이 아주 쉽게 반응한다. 그것은 그 음악의 박이 매우 규칙적이기 때문이다.

이 연구자들이 발견한 세 번째 요소는 '공감(empathy)'이었다. 즉 120bpm의 속도에서 사람들의 움직임이 확실히 많이 나타났지만, 모든 사람들이 움직였던 것은 아니다. 어떤 사람은 특히 많이 움직였고, 또 어떤 사람은 전혀 움직이지 않았다. 다만 평균적으로 그 속도에서 사람들이 많이 움직였을 뿐이다. 그러면 왜 어떤 사람들은 여전히 움직임이 적었을까? 성격이 외향적인 사람들이 더 많이, 더 적극적으로 움직였을까? 꼭 그렇지는 않았다. 성격이 외향적인 사람이 리듬에 맞춰 춤을 잘

춘다는 과거의 연구 결과도 있었으나, 외향적인 성격보다 더 중요한 것은 내가 아는 음악인가, 내가 그 음악을 듣고 공감할 준비가 되어 있는가, 듣고 즐길 준비가 되어 있는가가 더 중요한 요인이었다. 그러니까 BTS의 공연장을 방문한 BTS 팬들은 미친 듯이 흔들 준비가 되어 있는 것이다.

위 연구 결과에서도 볼 수 있듯이 박자에 맞추어 행동하는 일은 우리에게 완전히 프로그래밍되어 있어서 절대적으로 반드시 일어나는 일이라기보다는 상대적이고 어떤 감정적 의도와 연관되어 있는 것으로 보인다. 한참 감수성 예민한 중학교 시절, 마음이 맞는 친구와 함께 걷다보니 언제부터인가 함께 발을 맞추어 걷고 있었던 기억이 있다. 의식해서 일어난 일은 아니지만 그렇다고 어떤 사람하고 걷든 꼭 일어나는 일도 아니다. 그 친구와 함께 걷는 게 너무너무 좋았던 순수한 마음이 작용했기 때문에 일어난 일이다. 연구자들은 여기서 한 걸음 더 들어갔다.[25]

그들은 2.5~4.5세의 아이들에게 두 가지 조건에서 손가락으로 책상을 두드리도록 했다. 하나는 컴퓨터에서 들리는 북소리에 맞춰, 다른 하나는 사람이 직접 연주하는 소리에 맞춰 손가락 두드리기를 하는 것이었다. 그랬더니 아이들은 기계보다 사람에게 더 맞추려는 경향을 보였다. 손가락 두드리기 외에도 그네 타기 등 여러 다른 방법으로도 실험을 해보았는데 결과는 모두 같았다. 사람들은 다른 사람들과의 동조를 기계적인 매체(기계가 더 정확하다)와의 동조보다 훨씬 선호했다. 그냥 두 매체 간 상호작용이라면 굳이 부정확함을 감수하면서 인간을 더 선호해야 할 이유가 없다. 애초에 사람들의 박에 맞추는 행위가 '행위의 정확성'을 목적으로 생긴 것이 아니라 다른 사람과 합을 맞추려는 데 목적이 있다는 추측을 하게 하는 대목이다.

아기들을 대상으로 한 다른 실험도 있었다.[26] 어른들의 경우 음악에 함께 몸을 움직이고 나면 유대감이 커진다. 특히 더 많은 도움을 주려 하고, 더 협력적이 된다. 그러나 아기 때도 이러한 효과가 있는지 발달 과정을 추적해보려는 것이었다. 첫 번째 실험에서 14개월 된 아기들에게 함께 행동하기를 한 후 남을 도우려는 마음이 커지는지 측정했다. 아기들은 함께 음악에 맞춰 행동한 어른에게 그렇지 않은 어른에게보다 의미 있는 정도로 더 많이 도와주려는 성향을 보였다. 두 번째 실험과 세 번째 실험에서는 10개월과 12개월 된 아기들에게 인형과 함께 음악에 맞춰 뛰게 한 후 그들의 선호성을 측정했다. 아기들은 인형들에 대한 특별한 선호성을 보이지 않았다. 이것은 이 성향에 대한 신호가 생후 1년 후에 뚜렷이 나타난다는 것을 의미하거나, 아니면 사람과만 이러한 호감이 생긴다는 의미일 수 있다.

실제로 여러 연구에서 서로의 행동을 맞추는 행위는 사회적 유대감을 강화시켜준다는 것을 보여주고 있다. 즉 타인과 타이밍을 맞추려는 심리에는 사회적으로 타인과 불확실함, 불협화음을 줄이려는 인간 본능이 깔려 있다. 그렇다면 타이밍을 맞추는 행위의 목표는 시간을 '정확히 맞추는 것'이 아니라 '다른 사람과 시간을 맞추는 것'에 있다[27]고 볼 수 있다.

　사람들에게 서로 간의 행위 맞춤 현상은 진화의 관점에서 볼 때 사회적 이유에서 발생한 것 같다. 사람들은 이유 불문하고 기계의 정확성에 맞추기보다는 다른 사람과의 동조를 선호한다. 또한 서로 간의 행위 맞춤이 다른 사람과의 친밀감을 확 끌어올리는 한편, 서로에 대한 두려움을 사라지게 한다는 것을 우리 모두는 본능적으로 잘 알고 있다. 그래서 무의식적으로 그렇게 하고 있다.

　진화인류학자 브라이언 헤어와 버네사 우즈는 자신들이 기르던 개를 대상으로 사람의 '손짓'의 의미를 파악할 수 있는가 하는 실험을 했다. 침팬지는 아무리 훈련해도 되지 않았던 것이었다. 이들은 개를 키우면서 개가 너무나 자신의 마음을 잘 읽어내는 것에 놀랄 때가 많았다. 정말로 우리가 기르는 개들은 침팬지는 할 수 없는, 협력적 의사소통에 특화된 인지능력을 갖고 있었다. 기르던 개나 고양이가 주인의 마음을 읽고 우리와 소통했다는 이야기는 우리 주변에서 쉽게 찾아볼 수 있다. 가축화가 진행된 종은 외양도, 호르몬도 달라진다. 그중에서도 협력적 의사소통 능력이 크게 성장한다. 오늘날 우리가 기르는 개와 고양이는 그러한 변화를 통해 수천 년에 걸쳐 진화해온 결과물이다.

　그런데 브라이언 헤어와 버네사 우즈는 사람에 의해 통제되는 가축화 이전에 하나의 가축화 단계 즉, '자기가축화' 시기가 있음을 주장한다. 자기가축화는 사람에 의해 선택되어 길러지기 이전에 자연 상태에서 가축화가 먼저 일어나는 현상을 말한다. 러시아의 유전학자 벨랴예프가 여우를 대상으로 40여 년 동안 이에 관한 실험을 진행했다. 그의 연구는 비단 사람에게 친화적인 여우를 만들어내는 것에 목적이 있는 것이 아니라 그 과정에서 어떤 일이 벌어지는가를 연구하는 것에 있었다.

　자연 상태에서 어떤 종의 개체 밀도가 높아지면 개체들 사이에서 자연선택을 통해 새로운 사물에 대한 두려움이 적고 더 친화적인 개체가 나오기 시작하는데, 유전자격리를 통해 그들의 진화 과정을 더 빠르게 진행시키면 인간에 대한 두려움이 적고 더 친화적인 개체가 이 과정에서 아주 빠르게 태어난다는 것이다. 이때 벨랴예프의 번식실험에서 번식 조건으로 선택한 기준은 딱 하나, 친화력이었다. 사람을 따르는 여우를 만들기 위함이 아니라 친화력만을 조건으로 하여 번식을 진행했을 때 어떤 일이 벌어지는지 관찰한 것이었다. 단 여덟 세대 만에 낯선 사물을 덜 두려워하고, 세로토닌(포식성과 방어적 호전성의 감소와 연관이 있는 신경전달물질) 분비 수치가 증가되었다. 그리고 털은 탈색이 일어났고, 몸집은 커지고 뇌는 작아지고 번식력은 높아졌다. 사람에게 친화적인 동물이 더 높은 번식 성공률을 보일 때 가축화가 발생한다. 스스로의 생존을 위해서 그렇게 되는 것이 더 유리하다는 것을 말해주는데, 이것이 종의 진화에서 매우 중요한 의미를 가진다.

적자생존은 모두를 경쟁적 속성에 집중하게 만들었다. 그러나 브라이언 헤어와 버네사 우즈는, 호모 사피엔스가 갖고 있었던 협력적 의사소통 능력이나 친화력 같은 속성들이 그 당시 함께 살아가고 있던 모든 호모 ○○들을 다 멸종시키고 힘 쎄고 날렵한 야생의 육식동물들을 다 점령하게 한 원동력이었을 것이라고 주장한다. 그들은 호모사피엔스가 네안데르탈인처럼 10명에서 15명 정도의 작은 무리로 살다가 친화력이 높아지면서 100명이 넘는 큰 규모의 무리로 전환되었고, 협력을 잘하는 더 큰 규모의 호모 사피엔스 무리가 다른 사람 종 무리를 쉽게 이길 수 있었을 것이라고 한다. 타인에 대한 감수성을 가진 종일수록 복잡한 방법으로 협력하고 소통하여 빠르게 혁신하고 그 혁신을 공유할 수 있었던 것이다. 이 모든 일이 한 우수한 개체의 뇌가 더 좋아지고 더 커져야만 가능한 것이 아니었다. 집단의 여러 개체들이 협력적으로 소통하고 문제를 해결할 수 있을 때 한 명의 뛰어난 개체가 갑자기 튀어나오는 것보다 진화에 더 유리하다는 것을 의미한다.

이렇게 길게 이 책의 내용을 소개하는 이유는 이 진화 가설이 리듬진화에 관한 가설과 연결되는 것 같기 때문이다. 앞에서 말했듯이 박을 서로 맞추려는 행위는 사회적 이유에서 발생한 것 같고, 사회적 이유, 즉 낯선 이들에 대한 두려움과 불안감을 해소하고 빠른 친화력으로 서로 협력하여 집단의 공동목표를 달성하는 일을 가능하게 했을 것이다. 그리고 이것은 그 어떤 지능이나 다른 신체적 능력을 보유하는 것보다 생존에 유리했을 것이다. 100명이 협력적 활동을 해야 할 경우, 박을 서로 공유하는 일은 가장 간단하면서 신비로운 일이 된다. 아기나 성인이나 박자를 맞춘 후에 더 협력적으로 된다는 실험연구 결과가 이 행위의 진화적 의미가 무엇인지에 대한 힌트를 준다.

앞 장에서 박을 맞출 줄 아는 앵무새와 바다사자의 특수한 사례의 공통점은 사람이 먹이를 주면서 훈련시켰다는 점이다. 즉 사회적 관계, 친해지고 싶은 마음, 친화력이 박에 행동을 맞추는 능력의 진화와 긴밀히 연결되어 있는 것은 아닐까?

앞에서 일정하게 울리는 규칙적인 소리를 들을 때, 사람들은 둘 또는 셋씩 묶어서 들으려는 경향이 있다고 언급한 바있다. 일상적 경험에서 보자면, 동일한 아날로그 시계의 초침소리를 우리는 '똑딱(영어로는 'tick tock')'거린다고 표현한다. 즉두 개씩 묶어서 듣는다. 심지어 집중해서 들으면 들을수록 "똑"소리와 "딱"소리가 다른 것처럼 들린다. 실제로는 같은 소리임에도 말이다. 그렇다고 "똑딱딱, 똑딱딱" 이렇게 들리지는 않는다. 그렇다면 2박자가 생물학적으로 가장 보편적인 박자일까?

서양음악 악보에서 4분음표는 8분음표 둘로 나누어진다고 배웠다. ♩ = ♪♪ 이렇게 말이다. 2분음표도 4분음표 둘로 나누어지고, 8분음표도 16분음표 둘로 나눠진다. 사분음표가 셋으로 나누어지려면, 셋잇단음표라는 특수한 기호를 써야 한다. ♩ = ♫ 이렇게 말이다. 이런 것을 보면 '2분할이 보편'이라는 게 사실인가 하는 생각이 든다.

그렇지만 이게 맞다면, 우리 국악에서는 왜 3소박이 대세가 되었을까? 우리나라가 특이한 건가? 2와 3으로 복잡하게 묶이는 아프리카의 리듬들은 어떻게 설명할 수 있을까? 이런 질문들이 떠오른다. 게다가 서양음악의 역사에서도 처음부터 음가를 둘씩 나누는 것이 일반적이었던 것은 아니다.

유럽에서 처음으로 음가를 기보할 수 있는 방법을 마련했던 사람은 쾰른의 프랑코(Franco von Köln, 1250년경)라고 알려져 있다. 그 프랑코식 기보 체계를 이어받아 만들어진 기보 체계를 '정률기보법(mensural notation, 13세기부터 17세기 초반까지 사용되었다)'이라고 하는데, 이 기보 체계에서 음표들은 3 또는 2로 나누어질 수 있고, 3으로 나누어지는 것을 '완전(perfectum)', 2로 나누어지는 것을 '불완전(imperfectum)'이라고 불렀다. 그렇다면 역사적으로도, 세계 음악사적 관점에서도 2분할이 보편적인 것은 아니다.

'2박자가 생물학적으로 보편이다', '아니다, 이것은 문화적 영향이다'라는 주장이 아직도 팽팽하다. 두 주장을 각각 뒷받침하는 연구 결과들도 있다. 우선 2박자로 듣는 것이 보편적이라는 주장을 뒷받침하는 연구 결과부터 소개하겠다. 인지심리학자 브로차드와 동료 연구자들은 청자에게 동일한 톤의 메트로놈 소리를 들려주고 아무 지시를 주지 않고 사람들이 어떻게 듣는지 EEG 반응을 살펴보았다. 그랬더니 사람들의 뇌의 반응에서 홀수 번째 소리에 짝수 번째 소리에서와는 다른, 유의미한 차이가 있었다. 즉 동일한 소리가 들려옴에도 불구하고 청자들은 홀수 박에 악센트를 두는 2박자 구조로 주관적으로 해석하여 듣고 있는 것이었다.[1] 그런데 이 연구 결과의 문제점은 참여자들이 모두 성인이라서 이미 문화적으로 선입견을 갖고 있을 수 있다는 것이다.

그래서 연구자들은 9개월 된 아기들을 대상으로 박자에 대한 선호도를 확인하는 연구를 진행했다.[2] 첫 번째 실험에서 연구자들은 아기들에게 박자가 강하게 느껴지는 음의 연속체와 박자감이 거의 느껴지지 않는 음의 연속체를 들려주고 달라진 부분에 대한 아기들의 반응을 관찰했는데, 아기들은 박자가 강하게 느껴지는 음의 연속체에서 달라진 부분을 훨씬 잘 알아챘다. 이는 박자라는 프레임이 시간의 변화를 인지하는 데 상당히 도움을 준다는 것을 의미한다. 두 번째 실험에서 학자들은 2박자에서의 패턴과 3박자에서의 패턴을 주고, 어디에서 달라진 변화를 더 잘 느끼는지 조사했다. 아기들은 2박자 패턴에서는 변화를 찾아냈으나 3박자 패턴에서는 그러지 못했다.

세 번째 실험에서 아기들은 두 번째 실험에서 사용했던 2박자와 3박자의 음연속체에 화성적 신호가 포함된 패턴을 들었다. 여기서도 아기들은 2박자에서는 변화를 찾아냈으나 3박자에서는 찾지 못했다. 이 연구는 아기들은 박자적 구조 속에서 청각적 신호의 시간적 변화를 지각하는 선천적 기질을 갖고 있으며, 특히 2박자 구조에 익숙하다는 것을 보여준다. 2박자, 즉 좌우 대칭형 박자 구조는 걸음걸이처럼 기본적인 인간의 대칭적 행동에서 나온 것으로 보인다. 그렇다면 2박 구조는 인류의 오랜 진화 과정을 통해 형성된 생물학적 디폴트, 즉 태어나면서부터 갖고 있는 기본적인 박자 구조처럼 여겨진다.

이번에는 반대 주장에 대한 실험 결과를 소개하겠다. 반대파들은 2박을 선호하는 현상이 바로크 이후의 서양음악 문화에 익숙한 사람들에게만 해당되는 것이라고 한다. 바로크 이후 서양음악 문화에는 정말로 2박자 음악이 많다. 음악학자 휴론(David Huron)은 서양 클래식 음악 사전에 수록된 악곡들의 주제 총 8,356개를 조사했다.[3] 그 결과 2박자와 3박자 계열을 합치면 99.2%로, 나머지 혼합박자(5/4, 7/8 등)와 비교했을 때 압도적으로 많았다. 이 중에서도 특히 2박자 계열이 많은데, 2박자계와 3박자계는 65.9% 대 33.3%로 2박자계가 거의 2배 가까이 많다. 서양의 팝 음악 역시 2박 구조가 많다. 그러다보니 사람들은 대부분 2박 구조에 익숙하고 이를 안정적이라고 생각하는 경우가 많다.

그렇다면 서양음악에 익숙한 서유럽인들과 비교적 서양음악에 덜 감염된 동유럽이나 아프리카 사람들을 비교해서 그들이 각각 박자의 묶음에 대해 어떤 반응을 보이는지를 살펴보면 될 것이다.[4] 서유럽인과 불가리아인(불가리아 음악에는 5/4박, 7/8박 같은 혼합박자가 많다)을 비교집단으로 하여 단순한 박자(2박자 계열)에서와 복합 박자에서의 어긋남을 발견하는 데 집단 사이에 차이가 존재하는지에 관한 실험이 진행되었다. 실험 결과, 서유럽인들은 복합 박자에서보다 단순한 박자에서의 어굿남을 훨씬 더 잘 발견하는 것으로 나타났다. 그러나 불가리아 아인들은 복합 박자에서나 단순한 박자에서나 어긋남을 잘 발견했다. 흥미로운 것은 6~7개월 된 아기들을 대상으로 동일한 실험을 했더니 서유럽 아기들도 복합 박자에서나 단순한 박자에서나 어긋남을 비슷한 정도로 발견했다는 점이다. 그런데 한 돌이 지난 서유럽 아이들을 대상으로 비슷한 실험을 해보니 단순한 박자에서만 어긋남을 발견했다. 서유럽 성인들이 보여준 반응과 같은 것이다. 이 연구의 연구자들은 사람들이 2박과 같은 단순한 박자에 대한 편향성을 갖고 태어나는 것은 아니라는 결론을 내렸다. 이 연구에 따르면, 대체로 박자적 편향성은 생후 1년을 전후로 하여 발생하는 것으로 보인다.

박의 인지 과정에서 생물학적 디폴트는 규칙적인 박을 선호하고 그것의 연속을 어떤 반복되는 패턴으로 듣는 능력인 것 같다. 이때 '인간이면 본능적으로 2박 패턴으로 듣는 것을 선호하는가, 아니면 2박, 3박, 혹은 5박 패턴으로 듣는 것을 선호하는가는 완전히 문화적 차이 때문'이라고 말하기는 어렵다. 지금까지의 연구 결과만으로는 확실하지 않다. 다만 확실한 것은 한 살을 전후하여 어떤 패턴을 선호하게 될지가 문화적으로 보다 명확해진다는 사실이다. 오늘날 서양음악, 특히 서양의 대중음악 문화에 젖어 있는 사람들이라면 대체로 2박 구조에 익숙하다. 서양의 대중음악은 2박, 혹은 4박 구조에 대한 편중이 특히 심하기 때문이다.

〈미크로코스모스〉

　〈미크로코스모스(Mikrokosmos)〉는 헝가리의 바르톡(Béla Viktor János Bartók, 1881~1945)이 작곡한 6권의 피아노곡집이다. 대략 1926년부터 1939년 사이에 작곡된 것으로 알려져 있다. 각 곡은 짧지만 인상적인 곡들로 아주 쉬운 곡부터 기술적으로 어려운 곡에 이르기까지 펼쳐져 있어 피아노를 공부하는 학생들이 꼭 연습하는 책 중 하나다.

　그중 제6권에 '불가리안 리듬에 의한 6개의 춤곡'이 들어 있다. 6개의 춤곡은 여러 형태의 혼합 박자를 포함하고 있다. 예를 들어 첫 번째 춤곡은 사분음표가 4+2+3으로 묶여 있고 세 번째 춤곡은 8분음표가 5개 들어있는 5/8박이고, 마지막 곡은 8분음표가 3+3+2로 묶여 있다. 바르톡이 직접 연주한 소리로 들어보자.

　이 영상에 상당히 인상적인 댓글이 있어서 소개한다.

　"슬프게도 많은 피아니스트들이 바르톡의 피아노 음악을 타악기처럼 연주한다. 바르톡을 연주하려는 사람들은 이 영상을 꼭 봐야 한다. 바르톡이 만들어내는 아름다운 피아노 소리뿐만 아니라 매력적인 리듬이 경이로울 뿐이다!"

우리말과 3소박, 혹은 3박?

불가리아어의 특징 때문에 불가리아인들이 혼합박자 듣기에 익숙해졌다면, 한국어는 우리 음악에 어떤 박자적 특징을 갖게 했을까?

우리나라 민요에서 흔한 굿거리, 중중모리, 타령 장단 등은 모두 '3소박 4박 장단' 구조를 갖고 있다. 이들은 모두 박자 층위에서 볼 때는 '4박'이며, 박이 다시 하위단위로 쪼개질 때(소박 층위) 셋으로 분할되는 경우가 많다. 이 사실에 기인하여 "한국음악은 3소박[5]으로 나뉘는 특성을 갖고 있다"고 말한다.

굿거리 장단에서의 박의 층위와 소박의 층위

1			2			3			4			박 층위
1	2	3	1	2	3	1	2	3	1	2	3	소박 층위
덩		기덕	쿵	더러러러		쿵		기덕	쿵	더러러러		
천	안	-	삼	-거	리	흥	-	-	흑	으	응	

그런데 한국음악의 특징을 '3박자'라고 주장하는 사람들이 있다. 그들은 이 '3소박'을 박의 층위로 들은 것이다. 물론 지금은 '덩~기덕'을 3소박으로 보는 것이 대세다. 그러나 이것을 3박자라고 주장하더라도 영 틀린 말은 아닌 것이 이 장단들의 '연주 속도' 때문이다. 국악학자 장사훈 선생은 굿거리 장단의 속도를 대체로 ♩.= 58~63bpm 정도라고 보았다.[6] 2014년에 내가 서울굿 연주 현장에서 직접 측정해보았을 때는 그보다 더 느렸다.[7] 약 ♩.= 43~44bpm 정도였다. 이 정도의 속도는 앞에서 인지심리학적으로 사람들이 박을 가장 잘 느끼는 범위라고 말한 75~150bpm의 속도보다 느리다. ♩.의 속도가 43~44bpm이라면 ♪= 129~132bpm이 되어, 사실 ♪도 역시 박으로 느낄 수 있는 속도다. 그래서 굿거리장단의 ♪을 한 박으로 보고 12박장단이라 하는 사람이 생기고, ♩.을 한 박으로 보고 4박장단이라고 하는 사람과 논쟁이 생길 수밖에 없는 딱 그런 속도다. 우리나라 장단의 리듬체계에 대한 이론적 정립이 되기 전이었던 시절, 음악학자 이혜구 선생이 그냥 직관적으로 들었을 때는 '덩~기덕'을 충분히 3박으로도 들었을 것이다.[8] 그러나 내 경험에 의하면, 굿판 현장의 음악가들은 굿거리장단을 4박장단이라고 말하는 분이 많았다. 현재 국악학계에서는 우리 장단의 전체 리듬 체계를 세우고 그 체계 내에서 굿거리 장단류를 '3소박 4박 장단'으로 정리했다.[9]

그럼, 이 3소박은 우리말과 어떤 관계가 있을까? 일부에서는 우리 음악이 3분할을 선호한다는 사실을 천지인(天·地·人)

의 삼재(三才) 사상과 연관시키려 하거나 삼신산, 삼신할미, 삼
족오(三足烏: 발이 셋 달린 까마귀) 등 3이라는 숫자를 신성시하는
북방 샤머니즘의 전통과 연결시키려는 시도가 있었다. 그러나
대부분 추측일 뿐 근거는 미약하다.[10]

　　3분할에 대한 우리 음악의 선호는 그런 철학적이거나 종
교적 상징성에서 그 기원을 찾기보다는 우리 말에서 비롯되었
을 것이라는 주장이 더 설득력 있다. 우리 노래는 4·4조 노랫
말을 갖고 있는 노래가 많은데 '자장-/자장-/우리-/아기-' 하
는 식으로, 혹은 '제-비/몰-러/나간-/다--' 식으로 노랫말 두
자를 ♪♩ 나 ♩♪ 리듬으로 붙여 읽으면 ♪♪식으로 균일한
리듬으로 읽을 때보다 가사의 리듬이 더 살아나면서 안정감을
준다.[11] 그래서 3소박이 우리 음악에 많이 나타나는 것이다.

우리 전래민요 〈자장가〉　　

자장-/자장-/우리-/아기-
잘도-/잔다-/우리-/아기-
꼬꼬-/닭아-/우지-/마라-
우리-/아기-/잠을-/깰라-
멍멍-/개야-/짖지-/마라-
우리-/아기-/잠을-/깬다-

4·4조의 싯구가 두 음절씩 배치되어 ♪♩ 리듬에 얹혀 있다.

'3소박'과 관련된 재밌는 일화가 있다. 장사훈 선생이 1969년 서울 아현교회에서 경험한 일이다.[12] 선생이 예배에서 부르는 찬송가를 들어보니, 두 가지 창법이 들렸다고 한다. 하나는 악보대로 정확하게 부르는 층이고, 다른 하나는 자기 나름대로 부르는 이들이었다. 악보대로 정확하게 부르는 것은 '♪♪'라고 부르는 것이고 여기에 대응하는 가사는 '예수'였다고 한다. 그런데 자기 나름대로 부르는 이들은 이것을 ♩♪ 형으로 삼등분하여 불렀다고 한다. 나도 비슷한 경험이 몇 번 있다. 어렸을 때 시골 내려가서 할머니들이 노래 부르는 것을 들으면 우리가 아는 익숙한 서양식 노래인데도 적당한 시김새와 3소박 리듬을 섞어넣어 창처럼 바꿔 부르시는 편곡 실력이 장난이 아니었다. 전통음악의 리듬 세계에서 박을 3분할하여 '길고-짧게(♩♪)' 혹은 '짧고-길게(♪♩)' 부르는 방식은 확실히 전형적인 우리 음악의 특성이 맞는 것 같다.

〈애국가〉는 어쩌다가 '해물탕가'가 되었나?

언어습관이 그 지역의 음악 문화에 상당한 영향을 미친다는 재미있는 연구 결과가 있다.[13] 영어 원어민 그룹(43명)과 일본어 원어민 그룹(43명 모두 외국에 산 적 없고 영어를 유창하게 하지 못함) 간 비교연구에서 박을 묶는 방식에서 두 집단 간 유의미한 차이가 발견되었다. 영어 원어민 그룹은 '짧고-긴' 음길이의 묶음을 선호했고, 일본어 원어민 그룹은 '긴-짧은' 음길이의 묶음을 선호했다. 연구자들은 이 차이를 영어와 일본어의 차이 때문으로 보았다.

영어는 'the dog, to eat'처럼 내용을 나타내는 단어가 뒤에 나온다. 일본어는 그 반대다. 따라서 이러한 선호가 생기는 것으로 보았다. 우리나라 말도 그 점에서는 일본어와 같기 때문에 전통음악에서 약박에서 시작하는 음악이 하나도 없다.

박을 묶어서 듣는 방식 외에도 말에 있는 강세의 위치가 음악에 영향을 미칠 수 있다. 강세의 위치는 앞에서 설명했듯이 박자의 지각에서 매우 중요한 역할을 한다. 관사를 가지고 있는 영어권 언어들은 문장의 첫소리는 약하고 관사 다음의 명사의 첫 음절에 악센트가 붙게 된다. 그래서 여린내기(못갖춘마디)로 시작하는 노래들이 많다.

이 곡은 우리도 잘 아는 〈켄터키 옛집〉(포스터 곡)이라는 미국 민요다. 이 노래의 가사의 시작은 'the'라는 관사에서 시작한다. 강세는 'the' 다음에 나오는 'sun'에 놓이기 때문에 이 말의 강세를 자연스럽게 따르는 노래라면 'the'를 약박(못갖춘마디)으로 처리할 수밖에 없다. 그런데 이런 외국곡을 우리말 가사로 번안하는 과정에서 문제가 발생한다. 우리말에는 관사가 없기 때문에 이 못갖춘마디에 중요한 명사의 음절이 붙어야 해서 가사의 의미가 왜곡되는 일이 종종 발생한다. 잘 알려진 예는 우리말로 〈소나무야, 소나무야〉로 알려진 〈O, Tannenbaum〉(독일 민요)이라는 곡이다. 이 곡은 원어가 '오'로 시작하기 때문에 역시 못갖춘마디로 시작하는데 그 바람에 우리말 가사는 '소'와 '나무'가 뚝 떨어지게 되어 잘못 들으면 '소나무'가 아니라 '소'와 '나무'를 따로 지칭하는 것처럼 들릴 수 있다.

우리나라의 〈애국가〉도 같은 이유로 어색함을 겪고 있다. 안익태 작곡의 〈애국가〉의 첫 마디는 이렇게 시작한다.

　　그러나 이 첫 마디의 리듬은 잘 생각해보면, '동해물과'에서 '해'가 높은 음이면서 긴 시간을 갖게 됨으로써 '동'은 첫 박임에도 불구하고 약하게 소리나고 '해'가 강하게 소리나면서 '해물'이라는 단어가 부각되는 문제를 갖고 있다. 국악하시는 분들 중에 애국가를 '해물탕가'라고 놀리시는 분들이 종종 있는 이유다. 선율에서 강세의 위치가 우리말 강세의 위치와 잘 안 어울려서 발생한 일이다.

　　〈애국가〉는 번안곡도 아니고 작곡된 곡인데 왜 이렇게 되었을까? 몇 가지 추측해볼 수 있는 것은, 우선 당시는 우리나라에 서양음악이 수입된 지 얼마 안 된 시기라 작곡가가 우리말 리듬과 양악선율의 리듬에 대한 고민이 부족해서 나타난 현상이라는 게 하나의 가설이다. 또 다른 추측으로는, 안익태 선생의 현 〈애국가〉 전에 많이 불렸던 구 〈애국가〉의 영향 탓이다. 구 〈애국가〉는 스코틀랜드의 민요 〈Auld Lang Syne〉(석별의 정) 선율에 가사를 붙인 번안곡이었는데, 이 곡과 현 애국가의 도입부가 비슷하다.

이 시작 부분의 선율이 작곡가의 머리속에 각인이 되어 크게 벗어나지 않은 선율을 쓰게 된 것이 아닐까 하는 추측이 두 번째 추론이다.

그러나 가사의 리듬과 선율의 리듬이 잘 맞아야 한다는 건 그냥 규칙일 뿐, 작곡가들은 얼마든지 다른 상상을 할 수 있다. 요즘 우리 대중가요에서는 가사의 리듬과 선율의 리듬을 일부러 어긋나게 작곡하는 경향을 흔히 볼 수 있는데, 악뮤(AKMU)의 〈낙하〉라는 곡이 대표적이다. 여기서는 가사의 강세와 선율의 강세를 어긋나게 함으로써 오히려 이런 점을 이용해서 색다른 재미를 주고 있다.

가사는 "눈 딱 감고 낙하"인데, 선율의 강세는 "딱"과 "하"에 놓인다. 작곡가가 '낙하'라는 단어의 '하'에 꽂혔었나 보다. '내려 간다'라는 의미와 [하:]라는 음성 둘 다에 말이다. 결과적으로 매우 재밌는 곡이 탄생했다.

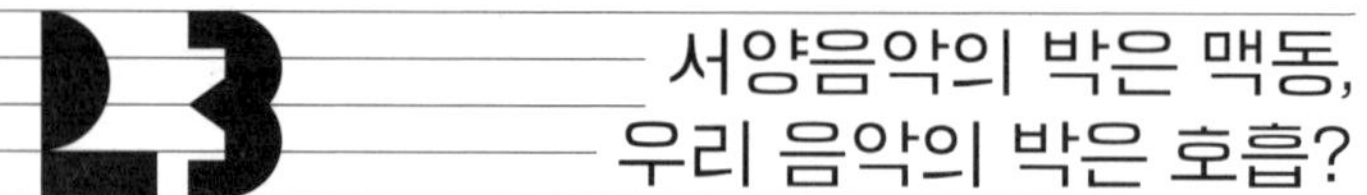

사람들이 '보통 빠르기'라고 느끼는 템포 범위에서 느껴지는 박동을 국악에서는 '여느박'[14]이라고 하고 서양에서는 '탁투스(tactus)'라고 한다. 이 책의 앞 부분에서 '기본박'이라고 불렀던 것과 유사한 개념들이다. 우리나라에서 여느박의 템포라 하면, 우리나라의 보통 사람들이 가장 편하게 불렀던 민요 장단의 속도라고 할 수 있겠다. 앞서 굿거리 타령 등이 ♩.를 한 박으로 볼 때, 42~63bpm 정도였으니 이 속도를 여느박의 속도라 할 수 있을 것이다.

우리나라 외 지역의 음악에서는 어떨까? 레코딩 기술이 발달한 후 남아 있는 많은 음반에 수록된 음악들을 빅데이터 분석을 통해 조사해보니, 지구상에서는 104-136bpm의 속도가 한 박의 속도로 가장 일반적이었다.[15] 확실히 이것과 비교하면 우리 음악의 박은 느린 편에 속한다.

그래서일까? 서양음악의 박은 심장이 뛰는 '맥동'이고 우리 음악의 박은 '호흡'에 기인한다며 이것이 서양과 우리 음악의 차이라고 말하는 사람도 있다.[16] 우리 음악의 박이 '호흡'에 기인한다는 것은 '속도가 느리다'는 것만을 의미하는 것은 아닐 것이다. 이것은 모든 것을 '기운생동'의 기의 움직임으로 보는 우리 전통 미학의 특징으로부터 박이 호흡처럼 들숨과 날숨을 갖는 에너지의 흐름으로 봐야 한다는 생각과 연결되어 있는 것 같다.

그런데 이 논의에서 주의해야 할 점이 있다. '오리엔탈리즘'이 있는 것처럼 '옥시덴탈리즘'도 있다. 동양의 관점에서 서양을 오해할 수도 있다는 말이다. 서양의 문화는 이성적이며 무조건 신비는 싹 걷어낸 합리주의이고 거기에 부정적 편견까지 덧붙여 그들의 문화는 '물질적이고 기계적일 것'이라는 오해 말이다.

나는 서양과 동양의 '박'에 대한 관념의 차이를 논의함에 있어서, 두 가지 점을 다시 생각해봤으면 한다. 지나치게 단순화하여 두 문화의 특징을 비교하는 것은 자칫 논의를 풍성하게 발전시키는 데 방해가 될 수 있다.

첫 번째로 고려해야 할 사실은, 한국음악에서 박을 '호흡'에 비유하거나 몸의 움직임과 비교하려는 시도와 유사한 시도가 서양음악사에서도 있었다는 것이다. 한국음악에서 '하나, 둘, 셋, 넷'은 그냥 건조한 '하나, 둘, 셋, 넷'이 아니라 그 안에 에너지를 담은 것이다. 노동은은 이를 '기운생동'의 원리에 근거하여 장단의 구성 원리가 "기화(氣化) 배분 방식의 대원칙", 즉 "밀고-달고-맺고-푸는" 방식에 따라 배분되는 것이라고 설명한다.[17] 또 타악 연주자 김동원은 우리 장단의 한 박을 한 "덩어리"로 칭하면서 몸을 위-아래로 움직일 때 생기는 느낌처럼 "출렁거리는 것"이라고 말한다. 이를 옛날 어른들은 '둥글게 감는다'라고 표현했다고 하는데, 그는 이것을 "수직적 출렁임", "볼링공이 아니라 농구공처럼 움직이는 것"으로 비유한 바 있다.[18]

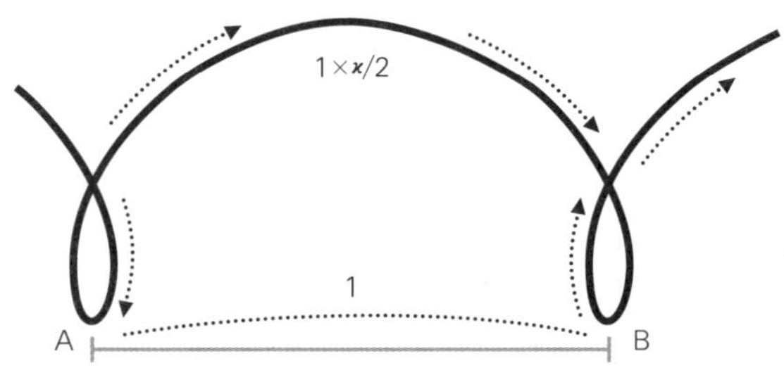

그림) 수직적 출렁임에 의한 공간의 확장 (김동원 2013, 32쪽)

그런데 서양에서도 바로크 이전 음악사에서 탁투스 개념은 하나의 '딱'이 아니라 '따-악'이며 몸의 움직임과 밀접한 관련이 있었다. 탁투스가 최초로 언급된 것은 15세기 말 아담 폰 풀다(Adam von Fulda, 1445~1505, 독일의 작곡가 겸 음악이론가)의 저서 《De Musica》(1490)였다. 아담은 탁투스를 다음과 같이 정의했다.

"탁투스는 정량기보법의 한 층위의 측정에 포함된 연속적 동작이다(Tactus est continua motio in mensura contenta rationis)."

—DeFord[19]

그의 위 인용문에서 눈에 띄는 것은 탁투스를 "연속적 운동"으로 보는 점이다. 하나의 탁투스[20]는 두 가지 손동작, 즉 손내림(테시스)과 손올림(아르시스)동작으로 구성되어 있었다. 즉 탁투스는 '하나'가 아니라 '하나의 복합체'였다.[21] 그 당시의 탁투스는 두 가지 종류가 있었는데, 2분할 되는 탁투스(♩♩)와 3분할 되는 탁투스(。♩)이다.[22] 2분할 되는 탁투스는 테시스 그리고 아르시스, 3분할 되는 경우는 테시스, 테시스, 아르시스로 나뉘어졌다. 그렇다면 탁투스의 속도는 어느 정도였을까? 이에 대해서는 여전히 논쟁 중이다. 르네상스 이론가들 중에서 가푸리우스(Franchinus Gaffurius)는 하나의 탁투스는 오늘날 온음표(ㅇ: semibreve)와 같은 길이이며 속도는 보통 사람들이 조용히 호흡하는 것과 같다고 말했다. 그래서 그것을 대체로 60bpm 정도의 속도로 보는데, 이렇게 추정하는 것의 문제점에 대한 논의가 없는 것은 아니나,[23] 오늘날 르네상스 음악을 연주할 때는 대체로 한 탁투스를 50~60bpm 정도의 속도에 맞추어 연주한다.[24] 정리하자면, 바로크 이전의 서양음악사에서 탁투스 개념은 마치 국악에서 박을 이해하는 방식과 유사하게, '몸의 움직임'으로 이해되는 측면과 '호흡'으로 비유되는 측면을 모두 갖고 있었다.

　　그런데 서양에서는 17세기 바로크 시대에 들어오면서 몸의 움직임과 연결되어 있는 탁투스의 의미가 퇴색되기 시작했고, 그에 따라 어느 정도 고정되어 있던 탁투스의 템포 의미도 사라지기 시작했다. 그것은 템포를 의미하는 형용사(Adagio, Allegro 등)들이 악보에 표시되는 시점과 맞물려 있다.[25] 그리고 조금 후 메트로놈이 발명되었다. 메트로놈은 독일의 멜첼이 1815년경 발명한 것으로 알려져 있지만, 이미 18세기부터 여러 다른 방식의 유사한 기계들이 사용되고 있었다. 18세기부터 음악학자들은 탁투스의 속도를 메트로놈의 속도로 표시하기 시작했는데, 이때 이미 그들이 말하는 탁투스는 '손을 내리고 올리는 하나의 복합체'가 아니라 '하나의 박'을 의미하고 있었다.[26]

　　서양의 탁투스가 오늘날 메마르고 건조한 박의 개념으로 바뀌게 된 중요한 계기를 메트로놈의 발명이라고 보는 학자도 있다. 베토벤의 연주 양식을 연구한 바르트(George Barth)는 메트로놈이 발명된 이후와 이전 연주자들의 시간이 달라졌다고 말한다.[27] 그는 "메트로놈의 발명이 음악에서의 시간 단위를 '균등화'시키는 음악적 시간에 있어서의 근본적인 변화를 초래했다"고 하면서 그로 인해 연주자들이 "몸의 진동을 포기하고 기계적인 규칙성을 음악 연주의 가이드로 삼기 시작하게 되었다"고 본다. 이것은 마치 시계가 인간의 박자 세기의 생리-심리학적 기제를 물리적 기계적 매체로 옮겨놓은 것에 불과하지만, 이 시계가 세상에 나오자 역으로 인간의 시간 인지 방식에 영향을 미치기 시작했다는 것과도 유사하다.

하지만 그렇다고 서양음악가들의 박에 대한 표상이 바로크 이후에는 오로지 수학적으로 '균등화'된 메마르고 건조한 박으로만 존재하는 것은 아니다. 여전히 서양음악 이론에서는 박을 점으로 표상하기도 하고 파도로 표상하기도 한다.

그림a) 박을 점으로 표시하는 방법[28]

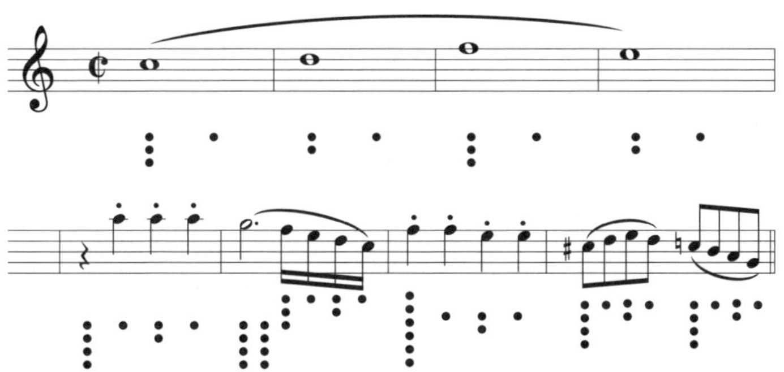

그림b) 박을 파도 모양으로 표시하는 방법[29]

첫 번째 방식처럼 박을 점으로 표시하는 방법은 박이 시작되는 지점을 알려주면서 어느 박이 구조의 중심인지를 잘 보여준다. 당연히 점이 많이 쌓인 박이 중심이다. 그러나 그림 b)처럼 박을 파도처럼 표기하는 방법도 존재한다. 파도식 표기 방식은 한국음악의 박을 '기의 움직임'으로 설명하는 방식과 매우 흡사하다. 박을 점으로 표기하는 방식이 구조를 설명함에 있어 많은 장점을 갖고 있지만, '박'이 내포하는 음악적 시간이 결코 '점'이 아니라는 사실을 연주할 때마다 느끼는 음악가들에게는 이 표상이 늘 불만족스러울 수밖에 없다. 그것은 한국음악에서든, 서양음악에서든 연주자들에게는 마찬가지였다. 그러니 '음악적 박'에 대한 표상에 있어서 서양음악에서도 대립적 시각이 존재해왔음을 고려하면서, 한국음악과 서양음악의 음악적 시간의 차이를 논해야 할 것으로 보인다.

두 번째로 다시 생각해봐야 할 것은 기보 체계에 담겨 있는 음악과 실제 연주로서의 음악을 섞어놓고 생각해서는 안 된다는 것이다. 음악의 기보는 살아 있는 음악을 약속된 정형화된 기호로 바꾸는 작업이다. 예를 들어 '♩ ♪ ♪' 리듬은 앞의 사분음표가 뒤의 팔분음표보다 두 배 길게 연주하라는 뜻이지만, 실제 음악에서 이 관계는 연주 때마다, 연주되는 장르마다 다를 수 있다. 뒤의 두 팔분음표도 마찬가지다. 두 팔분음표는 저 리듬이 어떤 맥락에 위치해 있느냐에 따라, 뒤의 것을 앞의 것보다 살짝 더 길게 연주할 수도 있다. 그러나 기보할 때는 그 모든 차이들은 무시되고 약속된 기호로만 표기된다. 이러한 부분은 한국음악도 똑같다. 한국음악의 정간보는 한 정간이 한 박을 의미하는 것으로 약속되어 있지만, 나는 지금까지 정악 연주에서 정간보의 박자대로 연주하는 연주자를 한 번도 본 적이 없다. 물론 기보된 방식을 얼마나 잘 지키는지에 대하여 두 음악 문화 사이에 상대적인 차이가 있다고 말할 수는 있겠으나, 다음의 연주를 들어보고도 서양음악이 한국음악보다 더 정확하고 기계적인 박을 갖고 있다고 말할 수 있을까?

이 연주는 라이네케(Carl Reinecke, 1824-1910)라는 피아니스트의 〈모차르트 피아노 소나타 K. 332번〉 연주다. 라이네케는 당시 아주 유명한 피아니스트였다. 이 녹음은 페이퍼롤 방식으로, 1910년대 말에 고안된 장치다. 특수한 피아노에 페이퍼롤을 연결시켜놓고 연주하면 건반의 위치, 페달, 강약에 따라 페이퍼롤에 구멍이 생긴다. 이 페이퍼롤을 자동으로 연주하는 특수 피아노에 걸면 자동으로 연주를 재생하는 장치다. 라이네케의 연주는 지금 우리 귀에 듣기에는 거의 충격적일 정도로 템포가 왔다갔다 한다. 요즘 학생이 이렇게 연주한다면 선생에게 등짝을 몇 대 맞았을 것이다. 혹자는 이 연주가 당시 롤 피아노의 녹음 기술상의 한계 때문에 실제 연주와 얼마나 일치할지 의심할 수도 있겠으나 오늘날의 기술로 재현된 바에 의하면, 적어도 상대적인 타이밍상 상당히 정확하게 재현되는 장치인 것으로 알려져 있다.[30]

라이네케는 반복할 때도 똑같이 치지 않는다. 니콜라스

쿡(Nicholas Cook)이라는 음악학자는 라이네케의 연주를 오늘날의 유명한 피아니스트의 연주와 비교하면서 요즘의 연주자들이 얼마나 정교하게 분석하여 연주하는지, 그리고 반복할 때도 자신들이 분석한 바 그대로 얼마나 정확하게 똑같이 연주하는지 지적한다. 쿡은 클래식 음악연주가 이렇게 정형화된 연주로 다듬어진 이유를 레코딩 기술의 도입 때문이라고 생각한다. 즉 연주자들이 자신 혹은 다른 사람의 연주를 다시 들을 수 있게 된 이후 연주자들의 시간도 달라졌다는 것이다.

내 연주, 혹은 다른 사람의 같은 연주를 여러 번 다시 들어볼 수 있다는 것은 그 연주 전체의 시간을 한꺼번에 떠올리고 제어할 수 있는 능력이 확장되었음을 의미한다. 사실 음악가들은 그렇지 않아도 훈련을 통해 보통 사람들보다 긴 시간의 음악적 진행을 기억하거나 미리 생각하는 추상화 능력이 뛰어나다. 그들은 이 능력을 통해 음악적 시간에 대한 보통 사람들보다 더 뛰어난 조절력과 제어력을 갖는다. 그런데 긴 전체 악곡의 같은 연주를 자주, 여러 번 듣는다는 것은 그 능력을 더 긴 시간으로 확장한다는 뜻이다. 이것은 알게 모르게 음악가들의 연주에 영향을 미치게 된다. 연주에서의 시간은 과거보다 더 잘 조절되고 더 잘 제어된다. 그것이 연주자들에게 더 잘 짜여진, 더 분석적인 연주를 가능하게 한다. 그러나 다른 한편으로 그것은 연주에서 '즉흥적' 측면이 개입할 수 있는 여지를 자꾸만 축소시키는 것이다.

생물학적으로 박을 쉽게 느끼는 속도의 한계 범위가 있긴 하지만, 사람들이 느끼는 박의 속도는 시대와 지역의 문화적인 영향을 많이 받는다. 음악이 긴 역사를 함께 하면서 절대적인 박의 속도를 변함없이 유지해왔다면 그게 더 불가능한 일이지 않겠는가? 박에 대한 생각도, 더 나아가 음악적 시간에 대한 관념도 마찬가지다.

두 번에 걸친 과학기술의 큰 변화, 메트로놈의 발명과 레코딩 기술의 발달은 음악가들의 박의 인식과 연주에 상당한 영향을 미쳤다. 같은 시대를 살고 있는 국악도 비슷한 경험을 겪게 될 가능성이 높다. 과거 국악의 명인들이 갖고 있었던 음악적 시간에 대한 관념이 젊은 연주자들에게 그대로 보존되기는 쉽지 않을 것으로 보인다. 메트로놈도 있고 레코딩 기술도 발달해 있으며, 거기에 틱톡처럼 2분 내에 뭔가를 보여줘야 하는 세상에 우리가 살고 있으니 말이다.

영화 〈왕의 춤(Le Roi Danse)〉(2001)은 꽤나 충격적인 장면으로 시작한다. 주인공인 프랑스의 작곡가 륄리(Jean-Baptiste Lully, 1632~1687)는 루이 14세가 연주회에 참석해주기를 기다리며 황제를 위해 작곡한 작품 〈테 데움〉을 연주한다. 그는 거대한 지휘봉(창처럼 끝이 뾰족한)을 박자에 맞춰 땅을 '꽝, 꽝' 내리찍다가 실수로 자신의 발을 찍어버리는 사고가 발생한다. 이 상처 때문에 작곡가는 끝내 숨을 거둔다. 이 사건이 계기가 되었는지 그 후로 거대한 지휘봉은 역사 속으로 사라졌다. 대신 손이나 종이를 말아서 사용하다가 오늘날의 가벼운 지휘봉으로 진화했다.

하지만 이런 충격적인 사건 때문에 서양음악에서 '박자' 개념이 이 시기(바로크 시대)에 생겼다고 생각하면 그건 오해다. 박자는 그 이전에도 있었다. 앞에서 언급했듯이 바로크 이전에

영화 〈왕의 춤〉 륄리의 지휘봉 장면[31]

는 '탁투스'가 등시성의 단위 역할을 했다. 그리고 학자들은 탁투스의 손을 내렸다 올리는 모양이 일종의 '지휘' 같은 개념이었을 것으로 본다. 그렇다면 이전에도 박을 젓는 행위는 있었을 터인데, 그는 왜 그렇게 거대한 지휘봉을 들고 박을 강조했을까?

그것은 작곡가 륄리가 활동하던 '바로크 시대(1600~1750년경)'에 나타난 '마디 박' 때문이다. 마디 박이란 '마디(bar)'가 도입되면서 마디 단위로 강세의 위계질서가 뚜렷하게 나타나는 박자 구성을 말한다.[32] 독일어로는 'Akzentstufentakt(강세의 단계가 있는 박)'라고 불리기도 하는 이 개념은 '마딧줄'이 음악에 광범위하게 도입된 17세기 즈음에 발생했다.[33]

우리는 4/4박자라 하면 한 마디 내에서 '강 약 중강 약'이라는 단계적 강세 구조를 갖는 것으로 이해하고 있는데, 바로 현재의 박자 시스템이 이때 생겼다는 말이다. 그럼, 그렇지 않은 음악도 있단 말인가? 앞서 박이 모여 박자를 이룰 때 자연스럽게 우리는 어떤 박을 강박으로 듣고 다른 박들을 약박으로 들음으로써 박의 묶음이 일어난다고 말했다. 그런데 그런 음악이 17세기에 와서야 생겼다? 어떤 음악이든 박의 묶음은 강박과 약박의 위계질서다. 그러나 그 표현을 드러나지 않게 하려는 음악과 그것을 강력하게 표현하려는 음악이 있을 수 있다. 서양의 르네상스 음악(1450~1600년경)과 바로크 음악은 그 점에서 좋은 대비가 된다.

다음 선율을 보자. 널리 알려진 노래 〈징글벨〉이다.

이 노래에서는 매우 규칙적으로 가사의 첫 음절이 강박에 정확하게 놓이고 있다. 또한 리듬 패턴도 반복적이고 대칭적이라 누가 봐도 패턴을 파악하기가 쉽다. 이러한 '마디 박' 강세의 규칙을 잘 따르는 악구 구성이 시작된 시기가 바로 바로크 시대다.

그런데 르네상스 시대의 음악은 그러한 리듬 패턴을 피한다. 강박을 지키려는 노력을 거의 보이지 않는다. 그들은 강박에 가사의 첫 음절이 딱딱 떨어지는 〈징글벨〉 같은 선율을 '춤

음악 같다' 하여 피했다. 그들은 무엇보다 가사가 갖고 있는 고
유의 리듬과 강세 그 자체를 중심에 두었다. 다음은 르네상스
시대의 한 선율이다. 위의 〈징글벨〉 악보와의 차이가 쉽게 눈에
들어올 것이다.

악보) 팔레스트리나, 〈Missa O Regem coeli〉 중 '키리에(Kyrie)'

　　선율의 대칭성이나 반복적 패턴 등은 전혀 보이지 않는
다. 박자의 강세와 가사의 시작이 일치되어야 할 필요도 없다.
게다가 그 당시의 악보에는 마딧줄도 없었다. 악보의 마딧줄은
보기 쉽게 하기 위해 오늘날 출판사에서 그려넣은 것이다. 그
래서 때로는 이 시대의 악보를 출판할 때 실선의 마딧줄 대신
점선의 마딧줄을 사용하기도 한다. 그래서 위와 같은 구불구불
한 선율과 불규칙해 보이는 리듬 패턴이 르네상스 음악의 특징
이 되었다.

　　또한 그들은 각 성부의 독립성을 중요하게 여기는 대위적
다성음악을 발달시켰다. 대위적 다성음악이란 뒤페(Guillaume
Defay, 1397-1474)의 악보에서 보이는 것처럼, 여러 성부의 선율

들이 수직화음적으로 소리를 내는 것이 아니라 각 성부가 독립적으로 움직이면서도 조화롭게 들리게 하는 방식의 다성음악을 말한다. 각 성부가 독립적으로 들리려면 전체 성부의 리듬이 다르게 움직여야 한다.

악보) 뒤페의 〈Missa Ave regina coelorum〉 중 키리에 IV. 시작 부분**34**

이 악보는 필사본을 현대악보로 옮겨놓은 것이다. 현대악보로 옮길 때 보기 편하게 마디를 그려주는 출판사도 있고 그렇지 않은 출판사도 있는데, 위 악보는 마딧줄을 그려주지 않았다.

원래 이 시대에는 마딧줄이 없다. 그럼 무엇으로 박의 묶음이 일어나냐 하면 악보의 왼쪽 높은 음자리표 혹은 낮은 음

자리표 옆에 있는 동그라미 표시(O)가 일종의 박자표 역할을 한다. 이 당시에는 네 종류의 박자표가 있었고 이 중 O는 템푸스 단위가 3으로 나눠지는 박자라는 뜻이다. 악보의 제일 위에 깨알같이 적힌 숫자의 가장 윗줄을 보면 1, 2, 3, 1, 2, 3… 이렇게 셋씩 숫자가 적

혀있는 것을 볼 수 있을 것이다. 이것이 템푸스 층위다.

　그런데 템푸스 층위의 '1'에 해당하는 박(점이 찍힌 박), 즉 강박에 어떤 성부는 소리를 내지 않는(쉼표가 있는) 성부도 있다. 예를 들어, 제일 아래 성부의 첫 번째 나오는 사분 쉼표는 1박에 해당하는 위치에 놓여 있지만 소리를 내지 않는다. 그렇다면 그다음 박에 놓인 D음을 강하게 소리내야 할까? 강세가 옮겨지니까 말이다. 그렇지 않다. 이 시대의 연주자들은 '강–

약-약'의 흔적은 지우고 선율의 자연스러운 흐름을 살리는 것, 그리고 다른 성부의 리듬이 자연스럽게 중간중간 교차로 들어왔다 나가도록 억지스러운 강박을 강조하지 않는 것이 중요했다. 이때 모든 성부가 함께 박은 맞춰야 하기 때문에 아마도 지휘자 역할을 했던 누군가가 손을 내렸다 올리는 방식으로 탁투스를 짚어주었을 것이다. 적어도 연습할 때는 말이다.

말하자면 르네상스 시대의 성악 음악은 리듬에 있어서의 규칙성, 대칭성, 반복성, 박자의 강박과 리듬의 강박을 연속적으로 맞추는 일 등 현재 우리 귀에 익숙한 많은 음악적 처리가 금지되었다.[35] 대신 그들은 이를 통해, 구불구불하게 이어지는 선율과 그 사이사이를 엇갈리면서 뚫고 나오는 다른 성부의 리듬이 만들어내는 자연스러운 조화, 그것을 창조해낼 수 있었다. 나는 그렇게 된 이유를 이들이 음악으로 설득을 하려는 대상이 사람이 아니라 하느님이었기 때문이라고 생각한다.

사람의 귀를 향하고 있는 음악은 달랐다. 바로크 시대의 음악이 향하는 곳은 하느님이 아니라 '왕'이나 왕에 준하는 '귀족'이었다. 〈왕의 춤〉은 그것을 아주 잘 보여주는 영화다. 프랑스의 작곡가 륄리의 음악과 춤은 오로지 루이 14세를 향해 있다. 왕은 다른 이들을 단번에 자신 앞에 무릎 꿇리게 할 '권위적인 한 방'이 필요했다. 르네상스 시대에도 춤음악이 있었지만, 그것은 오락거리에 불과했다. 그러나 바로크 시대에는 춤음악이 절대권력과 결합하여 왕의 권위를 드러내는 강력한 행사 음악으로 성장한다.

다음 악곡은 륄리의 대표적인 오페라 〈아르미데〉 서곡의 시작 부분이다. 앞의 뒤페의 악곡과 비교하면 가장 눈에 띄는 것은 마딧줄을 중심으로 성부들 간 수직적으로 일사분란하게 맞아떨어지는 리듬이다. 이것이 주는 음악적 효과는 모든 성부의 악기 소리가 지그재그로 나타나는 것이 아니라 '일사분란하게 나온다는 것'이다. 마치 BTS 7명의 일사분란한 칼군무를 보았을 때와 비슷한 짜릿함일 것이다. 그리고 마딧줄로 인한 강박의 강조는 그 일사분란함을 더욱 뚜렷하게 만들어주었을 것이다.

륄리는 연주자들에게 이 음악적 변화를 명확하게 인식시키고자 했던 것 같다. 17세기에도 여전히 르네상스식 연주 방식에 젖어 있는 정신 빠진 연주자들이 많이 있었을 것으로 보

이기 때문이다. 성악음악, 특히 종교적 성악음악에서는 18세기
까지도 여전히 마딧줄 없는 르네상스식 기보법 방식으로 기보
되고 연주되었다. 그러니 그는 커다란 지휘봉을 흔들며 "여기
가 강박이라고, 강박을 지키라고!"라는 제스처를 강조할 수밖
에 없었을 것이다.

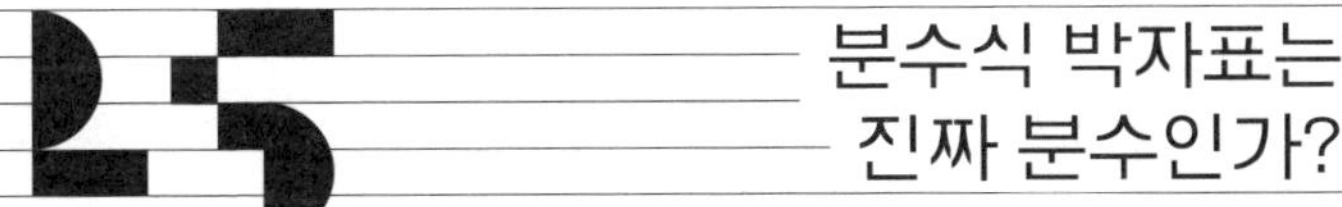

오늘날 우리가 알고 있는 서양 클래식의 음악 용어와 장르, 연주 방식 등은 바로크 시대의 것을 발전시킨 것이 많다. 기보법도 그중 하나다. 오늘날 사용되고 있는 '근대 오선보표(modern staff notation)'와 마딧줄, #, b 방식의 조표 표기체계가 거의 모두 바로크 시대에 오늘날의 모습으로 확립되었다. 분수 방식으로 표기되는 박자표도 이때 도입되어 오늘날까지 사용되고 있다.

분수식 박자표 이전에는 정률방식의 박자표 기호들이 있었다. 그 방법에서 유래해서 지금까지 사용하고 있는 박자표가 C(4/4 박자), ₵(2/2 박자) 같은 것들이다. 그러다가 정률박자표와 이중비율, 3중비율 등의 속도를 의미하는 비율(proportio) 기호들, C2, ₵, ↄ, O2, Φ, C3, ₵3, ₵$\frac{3}{2}$, ⊙ℂ 등[36]이 증가하고 이들 기호가 정확하게 얼마나 빠르게, 혹은 느리게 연주하는 것을 의미하냐를 두고 일대 혼란이 오기 시작하자, "박자표의 증가와 감속의 표시가 더 다양해지는 18세기경부터, 어떤 음가라도 '박'의 기능을 가질 수 있고, 박자표가 갖고 있던 템포 의미로부터 독립한 박자를 표기할 수 있는 분수식 박자표(최소한 1673년 조반니 보논치니가 쓴 《Il Musico prattico》 이후)에 대한 논의가 활발해지기 시작했다"[37]고 한다.

아무튼, 우리는 이렇게 만들어진 분수식 박자표가 진짜 분수인지 '그것이 알고 싶다'.

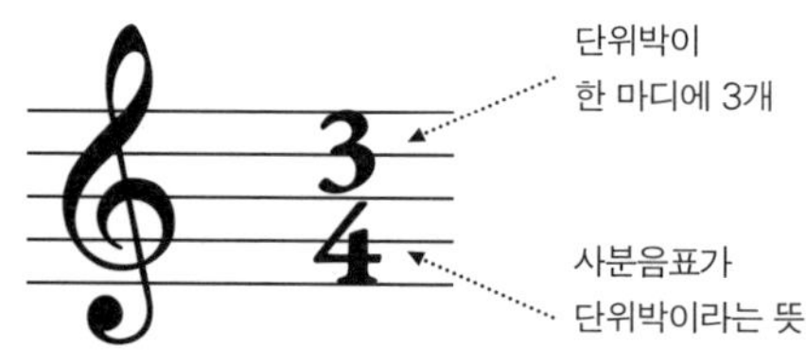

박자표의 의미는 학교 때부터 배워서 잘 알고 있을 것이다. 3/4 박자표에서 분모에 해당하는 '4'는 이 곡의 박을 셀 때 기준이 되는 박이 4분음표라는 뜻이다. 그리고 분자의 '3'은 그것이 3개 있다는 뜻이다.

박자표는 분수의 표기 형식을 빌리고 있지만, 분수의 의미를 갖고 있지는 않다. 만약 분수라면 3/4은 피자 한 판을 4쪽으로 나누고 그중 3을 의미하는 것이지만, 음악에서 3/4 박자는 한 마디 전체를 3등분하는 것이다.

박자표는 분수와 다르기 때문에 박자표를 오선보 없이 쓸

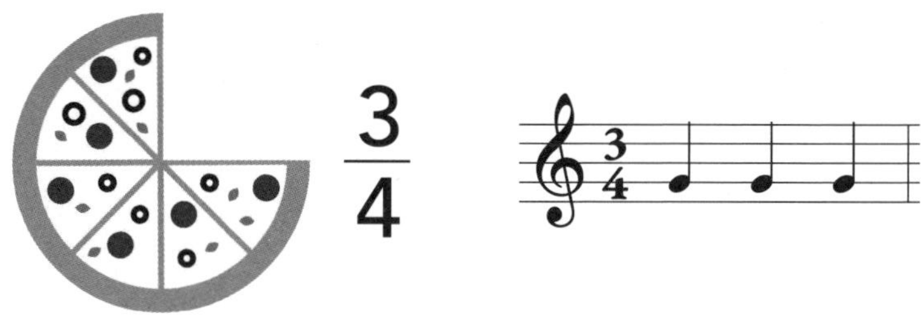

때, 분모와 분자 사이의 줄을 사용하지 않는다고 설명하는 외국의 이론서를 쉽게 찾아볼 수 있다. 아래 왼쪽 그림은 우리나라 사람들이 만든 인터넷 사이트에서 가져온 이미지이고, 오른쪽 그림은 미국 인터넷 사이트에서 가져온 이미지다.

우리가 학교에서 배운 것은 왼쪽이다. 그런데 인터넷에서 보는 자료들에는 오른쪽 방식의 표기가 많이 사용되기 때문에 뭐가 맞는 건지 질문을 받는 경우가 있었다. 그래서 한번 뒤져봤다. 우선 제대로 된 음악이론서 여러 권을 서로 비교해봤더니, 우리나라와 외국 이론서 사이에는 확실한 차이가 있었다.

그림1) 한국 음악이론서에 실린 박자표
(백병동, 《대학음악이론》 제3판,
현대음악출판사, 2006, 39쪽)

그림2) 영국의 ABRSM 음악이론서에 실린 박자표
(Eric Taylor, The AB Guide to Music Theory,
Part I, ABRSM 2007, p.4.)

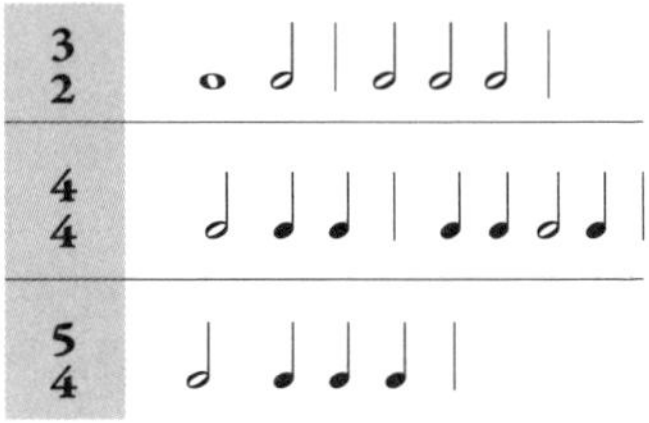

박자표　단위 음표　기본 형태와 셈여림

홀박자

　　　왼쪽은 국내에서 대학교재로 많이 사용되고 있는 음악이론서의 박자 표시고 오른쪽은 영국의 ABRSM(Associated Board of the Royal Schools of Music, 영연방 국가를 대표하는 음악교육기관)에서 사용하는 음악이론서에 나오는 박자표다. 그런데 오른쪽 외국 서적에는 박자표에 줄이 없다. 오선보에 박자가 표기될 때는 어차피 오선보의 줄이 있기 때문에 차이가 드러나지 않는다. 그러나 박자를 오선보 없이 표기할 때 우리나라와 외국 표기의 차이는 명백하다. 외국에서도 박자표를 텍스트에 사용할 때는 사선을 써서 '6/8, 3/4, 4/4'로 쓴다. 그러나 박자를 오선보 없이 그 자체로 표기할 때는 줄이 없이 표기하고 있다.

　　　다음은 구글에서 찾은 박자표 표기에 관한 설명인데, 박자표가 분수 표기와 무엇이 다른지 잘 나와 있어서 가지고 왔다.

　　　박자표가 분수처럼 보이지만 수평선을 사용하지 않는다

는 점에서 분수 표기와 다르고 읽는 법도 다르다는 것을 말하고 있다. 독일어권 이론서도 찾아보니 박자표에 줄을 긋지 않고 사용한 예를 쉽게 찾아볼 수 있었다.

> **Alle anderen Taktzusammensetzungen werden durch** *Bruchzahlen* **zu Beginn der Komposition angezeigt:** $\frac{3}{2}$, $\frac{3}{4}$, $\frac{2}{4}$, $\frac{3}{8}$, $\frac{3}{16}$ **usw. Die Bruchzahl deutet also immer an, wie viele halbe, Viertel-, Achtel- oder Sechzehntelnoten in einem Takt vorkommen.**

출처: Johnen, Kurt(2018), Allgemeine Musiklehre, Reclam 24. Auflage. p. 15.

그렇다면 우리나라 표기가 뭔가 잘못된 거 아닐까? 갑자기 우리 선배들이 뭔가 잘못 수입한 것을 여태 모르고 그냥 써 왔나 하는 의문이 들었다. 그러나 결론부터 말하자면, 그건 아닌 것 같다. 오늘날 영미권에서는 분명히 줄을 빼고 사용한다. 그러나 과거의 독일 작곡가들은 줄을 긋고 사용하는 예를 심심찮게 볼 수 있다. 예를 들어, 오스트리아의 작곡가 쇤베르그(A. Schönberg, 1874~1951)의 〈피아노 모음곡 op.25〉의 악보에서, 출판사를 거쳐 편집된 악보에는 박자표에 줄이 없지만, 쇤베르그의 자필 악보에는 박자표에 줄이 선명하게 보인다.

여러 가지 사례들이 있는 것으로 보아 박자표의 줄은 사용하는 경우도 있고, 그렇지 않은 경우도 있는 것으로 보인다. 아무튼 우리나라에서는 박자표를 쓸 때 줄을 사용한다.

악보) 쇤베르그의 피아노곡 op.25의 〈전주곡〉 시작 부분 - 필사본과 출판된 악보

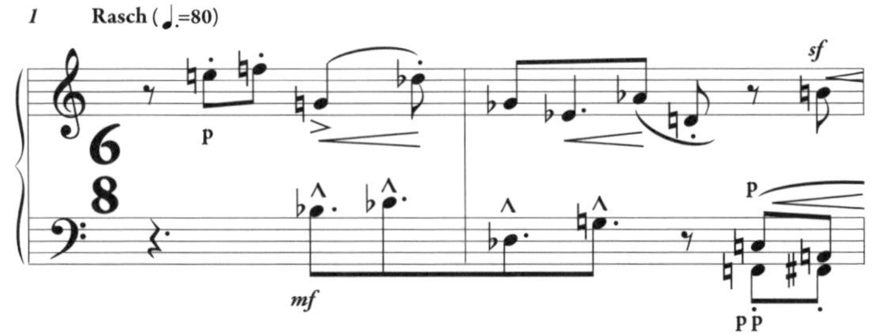

그럼 우리나라에서는 언제부터

갑자기 호기심이 발동했다. 우리나라가 처음 서양음악이

론을 들여올 때 누군가 줄을 갖고 들여왔지 않겠는가? 일본 사람들이 먼저 줄을 긋는 박자표를 들여왔을까? 그래서 해방 후에도 그 방식을 그대로 따르게 되었을까? 그래서 한번 찾아봤다.

국회도서관에 소장되어 있는 일본인 구사카와 노부오가 저자로 되어 있는 일본어책《음악감상교육의 이론과 실제》(1936)라는 책을 살펴보면, 그때도 이미 박자표에 줄을 사용하고 있었음을 알 수 있다(별표).

우리말로 되어 있는 음악이론서 중에는 1947년에 출판된 박긍완의《음악이론》이라는 책에서도 다음과 같은 표에 줄을 사용한 박자표가 실려 있다.

음악을 전공한 사람들에게는 꽤 익숙한 표다. 오늘날의 음악이론서에도 비슷한 표가 사용되고 있기 때문이다. 해방 직후에 나온 이 책에서도 박자표에 줄은 이미 사용되고 있었다.

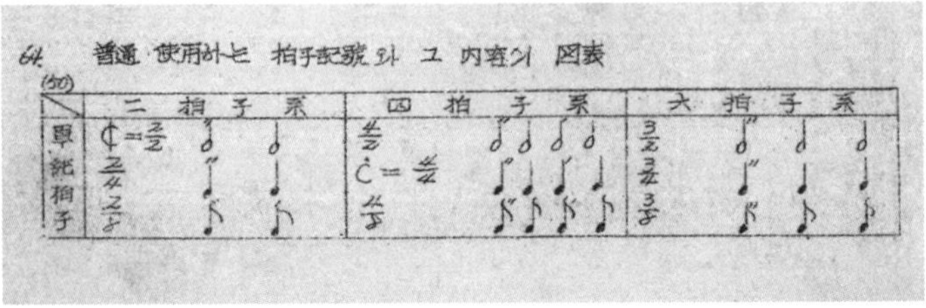

이후 출판된 책으로는 이강염이 편집하고 저술한 《음악통론》(1958)이 있다. 이 책은 1970년대까지 계속 재판된 것으로 보아 꽤 널리 읽힌 것으로 보인다. 이 책은 '편저'라고 되어 있고, 표지에 독일어로 'Allgemeine Musiklehre(일반 음악이론)'라고 표시되어 있는 것으로 보아 독일책을 참고하여 쓴 것 같다.

여기에도 줄은 있다. 그래서 이강염의 책 표지와 같은 제목의 독일책 중 당시에 참고했던 것으로 보이는 책을 찾아보았다. 아돌프 베른하르트 마르크스(Adolf Bernhard Marx)라는 유명한 음악이론가가 쓴 《Allgemeine Musiklehre》(Leipzig, 1884)라는 책이 검색되었고, 다행히 이 책이 "잊힌 책들(forgotten books)"이라는 시리즈 중 하나로 재출간되어 내용을 확인할 수 있었다. 《Allgemeine Musiklehre》110쪽에 박자의 종류를 설명하면서 박자표가 이렇게 표기되어 있다.

이강염의 《음악통론》. 19쪽.

Die **dreitheilige Ordnung** ergiebt:
  1) den **Dreivierteltakt**, $^3/_4$,
  2) den **Dreiachteltakt**, $^3/_8$,
  3) den (seltnern) **Dreizweiteltakt**, $^3/_2$.
Die **sechstheilige Ordnung** ergiebt:
  1) den **Sechsachteltakt**, $^6/_8$,
  2) den (seltnern) **Sechsvierteltakt**, $^6/_4$,
  3) den (seltnen) **Sechssechszehnteltakt**, $^6/_{16}$.

이 경우는 텍스트 중 사용된 경우라 사선을 사용한 것 아니냐 할 수도 있겠으나, 이 책 중에 박자표를 줄 없이 표기한 경우가 없는 것으로 보아 줄을 안 긋는 것만 옳다라고 주장할 수는 없다고 봐야 한다.

일제강점기의 일본 책에 이미 박자표에 줄을 사용했다. 그리고 해방 직후 우리 음악이론서에서도 박자표에 줄을 사용했다. 이후 음악대학들의 교육과정이 정비되어 가던 시대에 나온 책에도 박자표에 줄을 사용했다. 이 모든 책들이 참고했을지도 모를 1880년대의 독일 음악이론서에도 박자표에 줄을 사용했다. 오히려 서구에서 박자표에 줄을 사용하지 않는 것이 20세기 어느 시점부터 보편화된 것으로 보인다. 결론적으로 우리 선배들이 잘못 수입한 것은 아닌 것 같다.

블랙핑크의 〈셧다운〉은 3/4박자?

'들리는 음악'은 명백하지만, 그것을 악보로 적어야 할 때 어떤 박자로 적어야 할지 헷갈리는 경우가 있다. 6/8박자와 3/4박자도 자주 헷갈림을 유발하는 박자표에 해당한다.

6/8박자는 한 마디에 8분음표 6개가 들어가는 박자다. 3/4박자는 한 마디에 사분음표 3개 있는 것인데, 이를 팔분음표 바꾸면 8분음표가 역시 6개가 들어간다. 두 박자를 구분하는 방법은 8분음표가 어떻게 묶이는가다. 6/8박자는 8분음표가 셋씩 묶이고 3/4박자의 경우 8분음표 둘씩 묶인다.

음의 묶음이 달라지면, 느낌도 확 달라지는데, 6/8박자는 '①, 2, 3, ②, 2, 3' 이렇게 두 개의 박에 강세가 놓이면서, 각 박

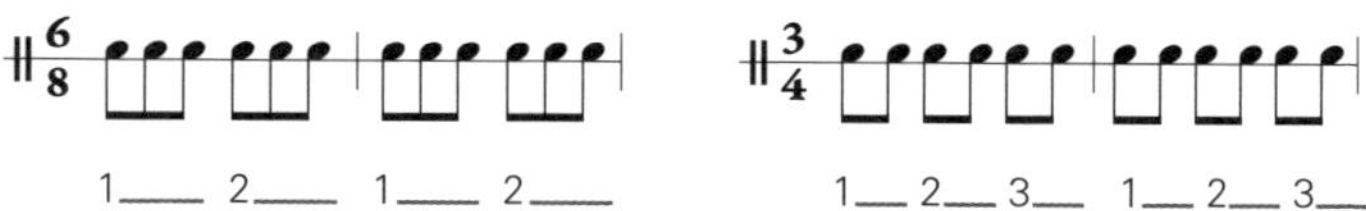

이 각각 셋으로 나누어진다. 그에 반해 3/4박자는 '①, 2, 3' 이렇게 세 개의 박이 있는데 강세는 첫 박에만 있고 각 박은 둘로 나뉜다.

이 둘의 음악적 차이를 한 곡에 담아 재밌게 표현한 예로 레나드 번스타인의 뮤지컬 〈웨스트사이드 스토리(Westside story)〉에 나오는 '아메리카!'라는 곡이 있다.

악보) 번스타인의 뮤지컬 〈웨스트사이드 스토리〉의 '아메리카!' 시작 부분

번스타인은 6/8박자와 3/4박자의 묶음의 차이만으로 재밌는 리듬적 음악을 만들어버렸다.

자, 이제 제목에서 던진 질문, 블랙핑크의 〈셧다운〉이라는 곡은 몇 박자일지 한번 맞춰보시라. 답은 6/8박자이다. 파가니니의 〈라 캄파넬라〉의 주제선율을 차용하고 있는 전주의 선율뿐만 아니라 제니가 부르는 랩을 들어도 다음과 같이 크게는 2박씩(①②①②), 그리고 빠른 박으로는 3박씩(1, 2, 3, 1, 2, 3, 1, 2, 3, 1, 2, 3) 묶이는 것이 들린다.

①	2	3	②	2	3	①	2	3	②	2	3
컴	백이	아냐	떠	난	적	없	으	니	까		

그래서 '하나 둘 셋 둘 둘 셋'이렇게 묶이는 느낌으로 읽히기 때문에 이 곡은 6/8박자로 본다. 두 번째 6/8박자와 3/4박자를 구별하는 방법 중 하나는 두 박자에 사용되는 전형적 리듬이다. 6/8박자에는 흔히 '♩ ♪ ♩.'라는 리듬이나 우리가 잘 아는 〈고요한 밤 거룩한 밤〉에서 사용하고 있는 '시칠리안느 리듬' 등이 사용된다. 이런 리듬이 느껴지면, 대부분 6/8박자다.

전형적인 시칠리안느 리듬의 예

그런데 두 박자가 헷갈리는 다른 경우가 있다. 빠른 템포의 3/4박자의 경우 두 마디를 묶어서 6/8박자로 표기해야 옳을지, 혹은 반대로 느린 6/8박자의 경우 3/4박자 2마디로 표기해야 할지 헷갈릴 때가 있다.

한 예로, 애니메이션 〈하울의 움직이는 성〉(2004)에 나오는 '인생의 회전목마'(히사이시 조 작곡)라는 곡이 있다. 이 곡은 왈츠풍의 3박자곡이다.

그런데 이 곡의 중간쯤에 가면 주제선율이 속도가 두 배로 빨라지는 부분[38]이 나오는데(136~144마디), 이때는 같은 선율(조성은 다르지만)이 6/8박자로 나타난다.

관습적으로 같은 노래가 3/4박자로 표기되어 있을 때보다 6/8박자로 표기되어 있으면 좀 더 빠르고 가볍게 연주하는

경향이 있다. 6/8박자는 2박으로 센다는 사실을 연주자들이 더
의식하게 되기 때문이다.

위의 3개의 박자도 이론적으로는 같은 속도로 연주될 수
있고 그 경우 셋을 구분할 수 있는 방법은 없다. 다만 관습적으
로 박자표의 분모가 8→4→2로 작아질수록 특별한 템포 지시
가 없는 한 느리고 장중하게 연주하려는 경향이 있다.

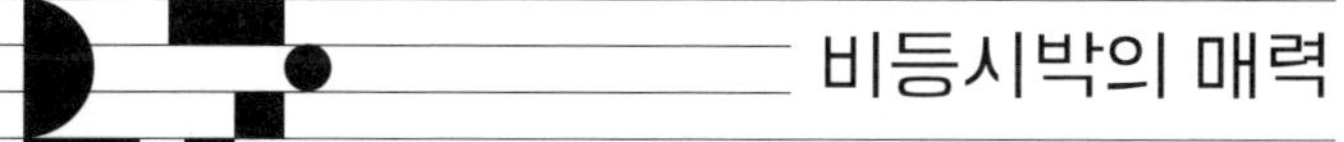

우리나라의 엇모리 장단은 빠른 10박 장단이다. 이것은 3+2+3+2로 구성된다.

악보) 엇모리장단

1	2	3	4	5	6	7	8	9	10	소박
덩		궁	딱		궁		딱	궁		
◐		○	|		○		|	○		

| | | | | | | | | | | 박 |

이 장단의 구음을 천천히 시작해서 점점 빠르게 소리 내 보라. 천천히 소리 내면 10박을 다 세게 되지만, 빠르게 하면 상위박인 1, 4, 6, 9의 박(◎)이 남게 되어 서로 길이가 같지 않은

긴 박과 짧은 박의 연속이 된다. 이 장단은 템포가 빠르기 때문에(180~200bpm) 제 속도로 연주하면 10박으로 세면서 일일이 대응하기는 어렵다. 3+2+3+2로 묶어서 움직임을 타는 것이 훨씬 자연스럽고 박자 타기가 좋다. 그런데 그렇게 하면 박 간의 길이가 같지 않다 보니 절뚝거리는 느낌이 난다. 즉 박이 비등시적으로 나타나는 것이다.

우리는 이러한 박자를 '비등시박자(non-isorhythmic meter)'라고 부른다. 엇모리 장단처럼 10박자 외에도 3+2+2+3+2, 4+4+2+3 등 매우 복잡하게 구성된 혼합 박자들이 있다. 공통관습 시대의 서양 고전음악이나 현재 유행하는 영미식 팝음악에는 그 사례가 많지 않지만 아프리카나 인도, 우리나라, 불가리아 등의 음악에서는 자주 볼 수 있는 박자들이다. 이들은 거의 모두 2와 3의 묶음이 수시로 왔다 갔다 한다. 국악계에서는 이런 장단을 '혼소박 장단'이라고도 부른다. 비등시박자는 다음과 같은 특징을 가지고 있다.

· 하위박(소박) 층위의 박이 균등하지 않은 단위로 묶여 패턴화되어 나타난다.
· 아래로부터 위로 묶여서 박자의 그룹이 만들어지기 때문에 이를 '부가적 박자(additive meter)'라고도 부를 수 있다.
· 박자 구조에서는 어떤 층위에서든 등가의 박이 최소한 하나는 존재하는데, 여기서는 하위박이 등가로 나타난다.

악삭(aksak, 터키어로 '절뚝거리는')이라 불리는 터키 민속 음악의 리듬 체계가 있는데, 이는 빠른 템포의 2박 묶음과 3박 묶음의 교대가 연속되는 다양한 패턴(2+3, 2+2+3, 2+3+3 등)들로 구성되어 있다. 그중 가장 흔히 쓰이는 악삭의 대표 리듬이 2+2+2+3이다. 이 악삭을 재즈와 접목시킨 대표적인 악곡이 있는데, 〈Take Five〉를 작곡한 데이브 브루백의 〈터키풍의 블루 론도(Blue Rondo à la Turk)〉라는 곡이다. 원조 터키의 악삭을 들은 후 데이브 브루백의 음악을 들어보면 재밌을 것이다. 모두 2+2+2+3 박자로 되어 있다.

악보) 터키 〈악삭〉의 리듬[39]

악보) 데이브 브루백의 〈터키풍의 블루 론도〉 시작 부분[40]

2+3박자의 변화무쌍함의 끝판왕 반열에 우리나라의 동해안 별신굿[41]의 장단도 빠지지 않는다. 이 장단들은 다양한 변주 방법을 통해 자유롭고 기술적으로도 화려하게 리듬의 변화무쌍한 변화를 보여주는데, 이 다양한 변주 방법 중 하나는 3+3+3+3의 장단이 4+4+4가 되거나 2+2+2+3+3이 되는 것이다.

한국음악 연구자 장인종이 2019년 발표한 논문에서 분석한 '드렁갱이' 장단 중 일부를 들어보면 다음과 같다. 아마 얼핏 악보를 그림으로 그냥 봐도 복잡하기가 이를 데 없다.

악보) '동해안 별신굿' 중 드렁갱이 3장 박 구성 변화의 예 (장현종(2019), 219쪽.

드렁갱이 3장-3

드렁갱이 3장-4

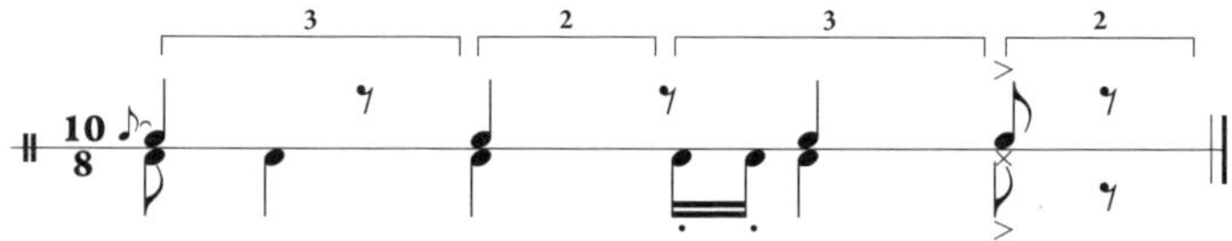

드렁갱이 3장-8

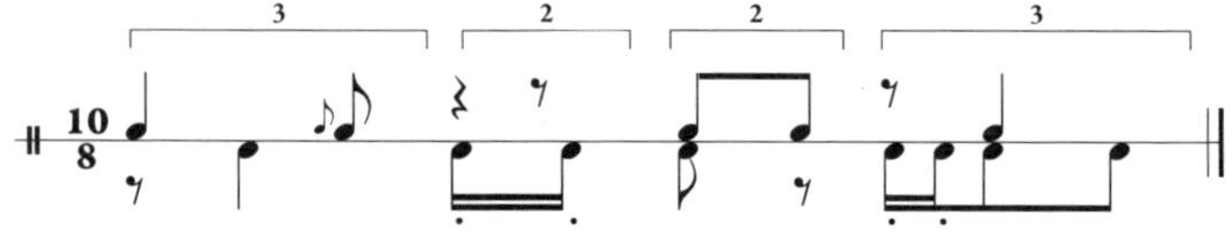

얼마 전에 방영되었던 드라마에서 민속학자 주인공이 자주 듣던 음악이 바로 드렁갱이 장단이다. 드렁갱이 장단은 동해안 별신굿 장단 중 하나인데, 동해안 별신굿은 원래 다른 음악에 비해 즉흥성이 뛰어나고 긴장을 점점 조여가는 에너지가

높은 음악으로 알려져 있다. 그중에서도 드렁갱이 장단은 아무나 쉽게 연주할 수 없는 별신굿의 백미라고 한다. 그런데 이 장단은 '초망자굿'에서 많이 사용된다. 초망자굿은 망자를 불러 가족과 작별을 나누는 굿으로, 먼저 망인의 넋을 청하는 무가를 부르고 춤을 추면서 가족 한 사람, 한 사람에게 살아생전 하지 못했던 이야기를 하면서 작별을 한다. 일종의 한풀이라고 할 수 있다. 즉, 죽은 이는 넋두리를 통해 한을 풀고 자유로운 존재가 되어 저승으로 가는 것이다.[42] 드렁갱이 장단이 사용되는 초망자굿의 의미가 드라마의 내용과 잘 맞아 떨어졌다.

국악학자 이용식은 비등시박의 구성은 국악에서 특수한 경우가 아니라 오히려 국악의 특징이라 보고 있다.[43] 많은 무속장단과 농악장단뿐만 아니라 시조창이나 가곡, 〈영산회상(靈山會相)〉과 같은 정악에 이르기까지 나타나는 장르도 다양하며, 나타나는 층위도 다양하다. 특히 역사가 오래된 악곡이 혼합박자가 많음에 주목하면서 오늘날 전통음악을 특징짓는 3소박 균등박자(가장 흔한 굿거리장단, 중중모리 장단, 타령 장단 등으로 대표되는)는 판소리의 발전과 관련되어 있을 것이라 추측하고 있다.

생물학적으로 인간은 단순한 대칭성을 선호한다는데, 현실적으로 다수의 음악문화에서 보이는 비등시박에 대한 선호는 어떻게 보아야 할까? 지구상 많은 음악문화에 존재하는 비등시박은 박동하는 인간의 원초적 본능이 음악으로 문화화되는 과정에서 발생한 다양성이라 할 수 있다. 비등시박 음악이 많은 문화에서 등시박 음악을 할 줄 모르거나 그런 음악이 없는 것이 아니다. 오히려 등시박 음악도 많지만 비등시박 음악도 발달시켜왔고 즐겨왔다고 보는 게 합당하다. 리듬이 발달한 음악문화일수록 비등시박의 종류가 다양하다.

중요한 것은, 비등시박의 경우에도 소박 단위(박보다 하위 단위)에서는 등시적이라는 것이다. 지금까지의 모든 논의들을 종합해볼 때, 인류의 모든 음악에서 '박'과 관련하여 나타나는 '하나'의 공통점은 '박의 어떤 층위에서든 한 층위에서는 반드시 등시적으로 나타난다'는 점이다. 또한 박이 등시적인 음악문화에서는 속도가 느릴 경우 연주자들의 밀당이 일어나는 경우가 많다. 박의 규칙성이 복잡하거나 비등시박을 가진 음악에서는 연주자들의 밀당이 어느 정도 제한된다.

합성된 박의 출현, 내재적 패턴 현상

앞 장에서 비등시박을 즐기는 문화와 몇 가지 음악을 소개했다. 비등시박에서도 반드시 지켜지는 원리가 한 가지 있다. 그것은 박의 어느 층위에서든 적어도 한 층위에서는 규칙적(등시적)이라는 점이다. 이 점은 지금부터 소개할 다른 방식의 박을 이해하는 데도 중요한 원칙이 된다.

아프리카의 우간다 지역의 전통악기 아마딘다(Amadinda) 연주를 소개하고자 한다. 아마딘다는 실로폰처럼 생긴 악기인데 두 사람의 연주자(연주자 A, 연주자 B)가 서로 마주보며 앉아서 연주한다. 여기에 한 사람이 더 있는데, 그는 가장 높은 음의 건반 두 개만을 담당한다(연주자 C). 먼저 연주자 A가 매우 단순한 5음계로 구성된 2~3개의 음의 패턴을 아주 빠른 속도로 반복한다. 이어 연주자 B가 다른 패턴을 가진 선율을 들고 들어와 같이 연주한다. 이 둘의 패턴이 합쳐지면서 상상하지 못한

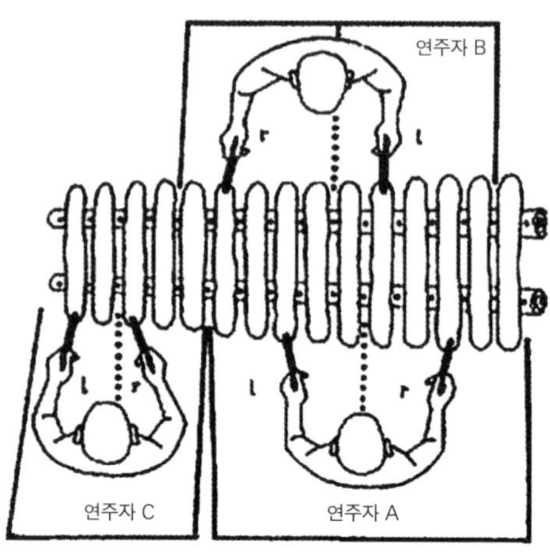

메타박, 메타리듬이 만들어지는 것이 이 음악의 특징이다.

특히 이 연주자 A와 B가 같은 음색, 같은 음역에서 다른 음, 다른 리듬 패턴으로 아주 빠르게 연주하기 때문에 청중은 둘의 연주 소리를 구분하지 못한다. 그 두 소리가

그림) 아마딘다의 연주 모습

합쳐지면서 엄청난 분할박의 효과가 만들어지는 것이다. 거기에 높은 음을 연주하는 C가 A와 B가 합쳐져서 만들어내는 리듬의 내재적 패턴을 높은 음역에서 연주하게 된다.

두 연주자의 리듬이 합쳐지면서 청자에게 새롭게 구성된 듯 들리는 합성된 리듬 패턴이 발생하는데, 이를 종족 음악학자 쿠빅(Gerhard Kubik)은 "내재적 패턴(inherent patterns)"이라고 불렀다. 다른 용어로는 "교차리듬(cross rhythm)"이라고도 한다. 일종의 아프리카의 폴리리듬, 혹은 폴리미터[44]라고 부르는 이 효과는 헝가리의 작곡가 리게티(L. Ligeti, 1923~2006)도 많은 관심을 갖고 자신의 작품에 활용했던 것이다.[45]

이러한 리듬은 인간의 리듬과 박자에 대한 놀라운 창조

출처: Kubik, Gerhard. (1960). "The structure of Kiganda xylophone music." African Music: Journal of the International Library of African Music 2 : pp.6-30. Fig.11

성의 한 유형을 보여주는 예이다. 두 사람 이상의 연주자가 같은 음색, 비슷한 음역에서 빠른 속도의 같은 비트로, 그러나 다른 묶음 구조로 함께 연주함으로써 고도로 복잡한 합성 리듬 구조를 만들어내는 음악인 셈이다. 감탄 말고 뭐를 더 보탤 수 있을까?

　엄청나게 빠른 속도로 작은 박의 묶음이 또 다른 수의 작은 박의 묶음과 엉키면서 만들어진 복잡한 리듬 구조가 들릴 것이다. 음악의 시작 부분에서는 구조를 따라가고자 우리의 정신을 집중하게 만들지만, 계속될수록 우리의 정신줄을 놓게도 만든다. 말하자면 무언가를 세고 있으려는 우리의 이성적 노력을 포기하게 만든다.

말과 음악 사이

리듬 측면에서 볼 때, 말과 음악 사이에는 다양한 리듬의 스펙트럼이 존재한다고 앞에서 언급했다. 즉 말에 가까운 음악이 있고, 음악에 가까운 말이 있다.

"찹쌀~~떡! …… 망개~~떡!"[46]

추운 겨울 골목길에서 울려 퍼지던 소리다. 이 소리를 못 들어보고 자란 세대가 많겠지만, 이 소리는 윗 세대들에게 하던 일을 멈추고 잠시 고향을 떠올리게 만드는 잊을 수 없는 소리 중 하나다. 이 소리는 널리 전달되도록 하는 목적을 갖고 있으므로 억양이 많이 강조되어 있을 뿐만 아니라 독특한 자기 리듬을 갖고 있다. 한번 들으면 잊을 수 없도록 구성되어 있다. 이 소리에서 박은 아마도 아저씨가 걷고 있는 두 발의 움직임이 박이 되고 있는 듯한데, 그렇다 하더라도 그 박이 확실하게 느껴지지는 않는다. 즉 아저씨가 박에 완전히 규제받지 않고 비교적 자유롭게 소리를 내고 있다. 이 소리를 두고 누가 '음악'이라고 하지는 않겠지만 꽤 '음악적인 말'인 것만은 사실이다.

이것을 음악화한 센치한 하하의 〈찹쌀떡〉(10CM 작사·곡)이나 애니메이션 '브레드 이발소'에 나오는 〈찰떡콩떡송〉이라는 곡을 들어보자. 여기에서 '찹쌀떡'은 박자의 테두리 안에 완전히 들어와 있다. 에너지의 강도는 찹쌀떡 아저씨의 '찹쌀떡'의 예가 훨씬 강하다. 그건 리듬 때문이기도 하지만, 음의 높낮이가 더 극적이기 때문이기도 하다. 그래서 강렬하게 "사 달라"고 요구하는 힘이 있다. 박자 안으로 들어오면서 노래화된 찹쌀떡은 '요구의 힘'은 줄어들었지만 대신 '찹쌀떡'이 '너와 나의 찹쌀떡'이 되었다. 그 음악에 맞춰 같이 춤출 수 있는 찹쌀떡이 된 것이다.

찹쌀떡 아저씨의 '찹쌀떡'은 말이고 노래화된 '찹쌀떡'은 음악이라는 식의 섣부른 선긋기는 필요 없어 보인다. 앞에서도 말했지만, 말과 음악 사이 어딘가에 속하는, 수많은 혼용된 장르가 있고 이것을 음악이냐 문학이냐로 논쟁할 필요는 없다고 생각한다. 다만 분명한 것은 박자가 분명한 것과 박자에서 자유로운 것 사이에 차이가 있음을 우리가 충분히 지각하고 있고, 또한 이 차이를 지극히 즐기고 있다는 사실이다.

작곡가 베토벤의 기악음악 안에도 '말하는 듯한' 음악이 들어 있다. 이런 부분을 '기악적 레시타티브'라고 부른다. 기악적 레시타티브란 성악 장르인 오페라에서 사용하는 레시타티브 서법(말하는 듯이 노래하는)을 순 기악적인 음악에 가지고 오는 방법이다. 레시타티브의 리듬적 특징을 말하자면 박은 있으나 박자적 패턴은 느껴지지 않거나 아주 느슨하게 느껴지는 상태를 말한다. 그렇게 되면 뭔가 '말하는 듯'이 느껴진다. 예를 들어, 베토벤의 〈피아노 소나타 d 단조, op.31 no.2.〉, 일명 '폭풍'의 1악장 재현부에서, 작곡가는 갑자기 음악을 멈춰세우고 뭔가를 직접 이야기하고 싶어하는 것 같이, 음악을 느리게 움직이게 하고는 표현적인 선율선만 남겼다. 박자적 규칙성에서 느슨해짐으로써 마치 한탄하는 듯한 독백처럼 들리는 효과가 있다.

박자라고 하는 것은 우리를 즐겁게 만들면서도 제약하는, 본능적으로 꼼짝 못 하게 하는 마법을 부린다. 작곡가는 세상의 이단아들이다. 그러니 모두가 꼼짝 못 하는 이 상황을 눈 뜨고 볼 수 없는 것이다. 베토벤만 해도 '박자에 대한 저항'을 부분적으로만 사용했지만, 현대의 작곡가들은 박자와 노골적으로 대립하기 시작했다. 그들은 박자가 아닌 방식으로 음악에서의 시간을 조직하기 위한 여러 새로운 시도들을 창조했다.

윤이상의 작품 중 첼로 독주를 위한 〈활주(Glissées)〉(1970)를 예로 들어보자. 이 곡에는 박자표도 없고 마디도 없다. 박자적 패턴이 느껴지지 않는 음악이라도 시간적 패턴이 없는 것은 아니다. 프레이즈나 호흡의 주기가 있다. 이는 말할 때 느껴지는 준-주기적 그루핑과 유사한 것으로 이 덩어리들이 뭉쳤다 흩어지고, 또는 이 덩어리들이 연속되면서 에너지가 점점 쌓이거나 풀어지는 과정에서 다이내믹함이 만들어진다. 이는 우리

가 다른 사람과의 대화나 연설을 들을 때 느끼는 그런 감정적
호흡과 유사하다.

　이 곡을 연주할 때 연주자들은 자신의 마음속으로 나름
박을 세면서 연주하기는 한다. 그렇지만 그것을 청자들과 공유
하기는 매우 어렵다. 어떤 규칙적인 패턴이나 반복이 보이지
않기 때문이다. 그러므로 연주자가 세고 있는 박은 엄격하게
유지되거나 타인과 공유되기보다는 연주자 주체의 감정과 몸
의 움직임에 맡겨져 비교적 느슨하게 유지된다. 바로 딱 찹쌀
떡 아저씨의 "찹쌀~~떡! …… 망개~~떡!"의 상태로 돌아온 것
이다.

〈활주〉-지그프리드 팔름 연주

윤이상 선생이 첼로 독주를 위해 1970년에 쓴 〈활주〉의 1악장을 들어보자. 'Glissées'는 '미끄러지듯 움직이다'라는 프랑스어다. 이 곡에서는 첼로라는 악기가 미끄러지면서 낼 수 있는 거의 모든 소리가 사용되고 있다. 이 곡의 연주자는 미끄러지는 소리들만으로 이 음악이 담고 있는 에너지를 어떻게 표현해낼 것인가 고민하게 된다. 서양악기는 구조상 우리 악기의 농현 같은 소리의 깊은 폭을 표현하는 일이 거의 없다. 서양악기는 화음을 내기 좋은 소리질을 갖고 있다. 줄과 지판 사이의 거리가 그리 깊지 않은 대신 한 번 잡은 음정을 일정하게 유지시키기에 용이하다.

그러나 우리 현악기인 거문고나 가야금은 줄에서 지판까지 쑥 들어간다. 그것은 굉장한 힘과 텐션을 요구한다. 팽팽한 현을 온몸으로 누를 때 나오는 깊은 소리는 내공이 없으면 나올 수 없어서 명인들의 연주를 들어보면 그 소리의 차이를 여실히 느낄 수 있다. 그런데 윤이상은 이 곡에서 국악기에서와 같은 효과를 첼로에 부과하고 있다. 그로 인해 첼로라는 악기가 낼 수 있는 아주 깊은 현의 울림에서부터 아주 얇은 금속성 소리에 이르기까지 다양한 음색의 변화와 다이내믹한 에너지의 흐름을 느낄 수 있는 곡이다. 첼리스트 지그프리드 팔름(Siegfried Palm)의 연주로 들어보자.

〈활주〉-지그프리드 팔름 연주

　　윤이상의 사례보다 더 극단적인 경우는 아예 어떤 박조차 느낄 수 없는 음악일 것이다. 하나의 소리가 변화 없이 길게 이어지거나 침묵이 길게 이어지는 음악은 박을 느낄 수가 없다. 20세기 들어와 이런 극단적인 음악이 만들어졌는데, 작곡가 존 케이지(John Cage, 1912~1992)의 〈4분 33초〉를 그 예로 들 수 있다.[47] 잘 알려져 있다시피 이 곡은 연주자가 무대에 등장하여 인사를 한 후 그랜드 피아노 앞에 앉아 피아노 건반의 뚜껑을 닫는 순간부터 곡이 시작한다. 그 후 연주자는 한 음도, 어떤 소리도 내지 않고 조용히 앉아만 있는다. 그리고 다시 피아노 건반 뚜껑을 여는데, 그것은 한 악장이 끝났다는 것을 의미한다. 다시 피아노 건반의 뚜껑을 닫으면서 2악장이 시작된다. 그리고 다시 뚜껑을 열었다 닫으면서 3악장이 시작되고, 마지막으로 뚜껑을 열면서 총 3악장의 곡이 끝난다. 그 음악에는 우리가 기대하는 '음악적 음(tone)', 악기나 사람의 발성에 의한 소리는 발생하지 않는다. 그러나 그 작품이 연주되는 동안 나는 여러 '소리(기침 소리, 옷 부스럭거리는 소리 등)'들의 발생과 소멸이 존재하므로 긴 침묵과 함께 그 소리들의 우연적이고 산발적인 리듬(소리의 길고 짧음)이 존재한다고 할 수 있다. 이렇게 긴 침묵이나 우연적이고 산발적인 소리들에서는 박을 느낄 수 없다.

악보) 존 케이지의 〈4분 33초〉

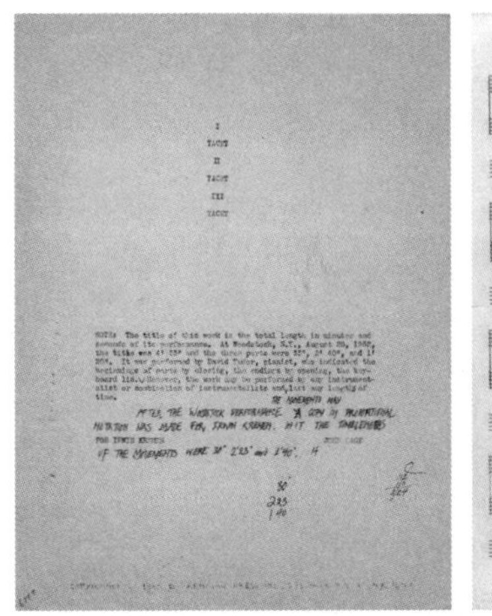

이 음악의 악보는 간단하다. 왼쪽 표지를 보면, Ⅰ악장, Ⅱ악장, Ⅲ악장이라 적혀 있고 악장마다 'Tacet'라고 적혀 있는데, 이 단어의 원래 라틴어 의미는 '침묵'이다. 음악용어로 'Tacet'은 오케스트라 곡에서 다른 악기들이 연주할 때 어떤 성부의 악기들이 오래 쉬어야 할 때가 있는데, 그때 사용되는 용어다.

'태싯' 아래에는 작곡가의 말(note)이 적혀 있다.

"알림: 이 작품의 제목은 연주에 소요되는 시간의 '분'과 '초'
다. 1952년 8월 29일 뉴욕 우드스톡 연주에서 제목은 4분 33
초였으며, 세 악장은 각각 33초, 2분 40초, 1분 20초였다. 피
아니스트 데이비드 투더가 연주했는데, 그는 피아노의 뚜껑
을 닫는 것으로 악장의 시작을 알리고, 여는 것으로 악장의
끝을 알렸다. 그러나 이 작품은 다른 악기의 연주자가 연주하
거나 여러 악기들이 함께 연주해도 되며, 어떤 길이로도 연주
할 수 있다."

우리가 음악회장에서, 혹은 음악을 감상하기 위해 기다
리고 있을 때 기침소리나 부스럭거리는 소리를 리듬으로 인지
한 적은 한 번도 없었을 것이다. 리듬으로 인지하기는커녕 이
시끄러운 소리는 늘상 우리 곁에 같이 있었던 소리지만, 존재
하는지도 몰랐거나 행여라도 연주 중에 들리면 소리 나는 쪽을
향해 눈을 흘기며 얼른 지워버렸던 '소음'이다. 이 작품의 의미
는 우리 옆에 항상 존재했으나 존재 자체를 부정당해왔던 소음
은 왜 음악이 될 수 없는가 의심하게 했다는 것에 있다.

긴 침묵이나 산발적인 리듬에서 박이 느껴지지 않는 것과
마찬가지로 변화 없이 긴 소리에서도 박이 느껴지지 않는다.
그런 예로 20세기 미국의 작곡가 라 몬테 영(La Monte Young)의
〈Compositions 1960 #7〉을 들 수 있다.

B음과 F#음이 계속(for a long time) 울리는 음악이다. 이런 음악에서는 박이 느껴지지 않는다. 물론 청자가 집중하면서 마음속으로 '하나, 둘, 하나, 둘' 하면서 자기만의 박자를 셀 수는 있다. 하지만 음악이 아예 없어도 사람들은 숫자를 셀 수 있으니까 의미 없다고 해도 무방하지 않을까?

또 다른 존 케이지의 예는 지금까지도 계속 연주되고 있다. 존 케이지의 〈Organ2/ASLSP〉라는 곡이다. 여기서 제목에 있는 ASLSP는 '가능한 한 느리게(As SLow aS Possible)'의 약자다. 이 곡은 작곡가가 얼마나 느리게 연주되어야 하는지를 적어놓지 않아서 연주자마다 다 다르게 연주한다. 기록에 따르면 2009년 2월 5일 오전 8시 45부터 오후 11시 41분까지 14시간 56분간 연주한 적이 있다. 또 2012년 9월 5일에는 호주에서 8시간 동안 연주된 바가 있고, 2015년 캐나다에서는 12시간 동안 연주되기도 했다.

그러던 중 1997년 음악가와 철학자들이 존 케이지가 말

독일 할버슈타트에 있는 성 부르카르디 성당

한 "가능한 한 느리게"라는 지시어를 말 그대로 따라보자고 논의했다. 파이프 오르간의 소리는 사실상 시간적인 제약이 없다. 그래서 그들은 639년 동안 연주하기로 결정했다. 잘 관리되는 파이프 오르간은 딱히 정해진 수명 같은 것이 없다. 그래서 그들은 이 결정이 이루어진 독일 할버슈타트의 부르카르디 성당(Sankt-Burchardi Church)의 파이프 오르간이 639년 전인 1361년 설치되었다는 기록에 근거하여, 이 프로젝트가 시작되는 2000년부터 앞으로 639년 동안 이 곡을 연주하기로 결정했다. 이 곡의 연주가 끝나는 해는 2640년이다. 이 연주는 아직도 진행 중이다.

악보에 표시된 원이 2020년 9월 5일에 시작된 음이다.

〈Organ2/ASLSP〉의 악보와 연주되고 있는 오르간의 모습

그래서 현재는 C4, Db4, (G#3: 2022년 2월 5일에 사라졌음), E4, D#4, A#4, E5의 소리가 함께 나고 있다. 2024년 2월 5일 D4 음이 추가될 예정이다.

변화가 무한대로 늘어지면 시간을 느낄 수 없다. 현재까지 이 음악이 세상에서 가장 느린 음악이다. 이 공연이 연주되고 있는 성당에는 다음과 같은 서판이 걸려 있다.

서판은 2014년에 시작되었다. 한편에서는 부가 점점 더 소모적으로 사용되어가고, 다른 한편에서는 여전히 굶주림과 의미 없는 전쟁에서 매일매일 사람들이 죽어가고 있다. 2460년에는 좀 더 공평한 세상이 올까? 사람들이 더 이상 적대적이지 않고 서로 존중하는 세상 말이다. 아니면 반성 없음과 이기주의, 탐욕, 어리석음이 우리 지구를 더 이상 아무도 살 수 없게 만들어 버릴까? 나는 인간적 한계를 넘어서 미래에 대해 생각하자는 취지에서 이 프로젝트를 시작한다. 우리가 그렇게 한다면 이 프로젝트는 잘 마무리될 것이다. 나는 그렇게 되길 희망한다. 그렇다면 많은 것들이 좋아질 것이다!

이런 음악에서 우리가 박을 느끼지 못하는 이유는 뭘까? 아마도 이 음악을 들으면서 집중하려는 순간, 나도 모르게 박을 세고 있을지도 모른다. 그러나 이내 그만둘 것이다. 왜? 아무 변화가 없기 때문이다. 기대감을 일으키고 그것을 맞추고 하는 일이 한참을 기다려도 전혀 일어나지 않기 때문에, 우리 마음은 곧 박 세기를 그만둘 것이다. 그러면 비로소 아무 제약 없이 소리가 그대로 전달될 것이다. '박으로부터의 해방' 뭐 그런 것을 느끼는 것이다.

세상을 있는 그대로 받아들이지 못하고 우리의 인지적 도구에 끼워 맞춰 이해하려는 인간적 특성으로부터의 탈출을 느끼는 것이다. 비록 이 특성 덕분에, 구령에 맞춰 우리보다 큰 돌덩이를 함께 들어서 옮길 수 있고, 숨바꼭질 놀이를 할 수 있고, 클럽에서 춤출 수 있고, 무엇보다 음악을 함께 즐길 수 있는 어마어마한 혜택을 우리가 누리고 있음을 간과할 수는 없지만 말이다.

연주자의 타이밍

인류가 갖고 있는 박자감이 정확성을 목적으로 진화한 것 같지 않다고 말한 것을 기억해주면 좋겠다. 지금까지의 연구에 따르면, 우리의 박자감은 다른 사람과의 협력적 과정을 원활하게 하기 위한 목적이 더 컸다. 만약 인류가 정확성을 목표로 박자감을 진화시켜왔고 음악이나 춤을 만들어낸 목적이 그 능력을 더 고양시키고자 했던 거라면 아마도 음악가들은 누구보다도 박자를 정확하게 맞출 수 있는 사람일 것이고, 우리가 가장 멋있다고 생각하는 연주는 메트로놈과 박이 딱딱 맞는 그런 연주일 것이다. 그러나 어느 시대, 어느 장르의 음악가도 메트로놈처럼 연주하지는 않는다. 아마도 음악가들, 그리고 무용수들은 사람들과 더 멋지게 교류하는 다른 방법을 갈고 닦아온 것 같다. 그들은 어떤 방법을 사용할까?

이야기를 시작하기 전에 지금부터 나오는 '연주자들의 타이밍'이란 단어는 매우 짧은 시간 단위에서 일어나는 일이란 점을 미리 말해둘 필요가 있겠다. 음악가들이 시간을 다루는 방법, 시간을 구성하는 방식은 아주 짧은 시간 단위에서부터 긴 시간 단위에 이르기까지 여러 차원에서 일어난다. 슈베르트의 가곡집 〈아름다운 물레방앗간의 아가씨 D.795〉 제6곡 '호기심 많은 사람(Der Neugierige)'이라는 곡을 예로 들어보자. 이곡은 다음과 같이 시작한다.

악보) 슈베르트의 '호기심 많은 사람'의 1-5마디

제목이 '호기심 많은 사람'이니까 주인공은 뭔가 궁금한 게 많은 사람 같다. 그가 무엇을 그렇게 궁금해하는지는 뒤에 나올 것이다. 음악을 들으면서 청자들은 이제 연주자가 인도하는 길로 함께 따라가게 된다. 청중들을 계속 그렇게 궁금하게 만들려면 연주자는 당장 첫 마디에서부터 고민할 것이다. "Ich frage(나는 묻는다)"에 붙여진 이 부점 리듬(5마디 노래 성부)을 어떻게 처리해야 할까? 부점 리듬은 느리고 무겁게 처리하면 장송곡처럼 된다. 여기는 "호기심 많은 사람"이다. 그리고 그 사람의 궁금증은 짐작할 수 있다. 그가 "꽃에게… 별에게" 이런 가사를 읊는 것만 봐도 말이다. 이제 막 사랑에 빠진 젊은이의 설렘 같다. 그러니 너무 길게 빼도 안 되고 너무 경박하게 가볍게 처리해도 안 된다. 그렇게 느끼게 하려면 연주자는 이 부점 리듬을 어떻게 처리해야 할까? 피아니스트 제랄드 모어와 성악가 피셔 디스카우의 해석을 들어보시라.

Der Neugierige

호기심 많은 사람

Ich frage keine Blume,
Ich frage keinen Stern,
Sie können mir alle nicht sagen,
Was ich erführ' so gern.

나는 꽃에게 묻지 않을 거예요
별에게도 묻지 않을 꺼예요
그들이 나에게 말해줄 순 없잖아요
내가 기꺼이 듣고 싶은 것을요

Ich bin ja auch kein Gärtner,
Die Sterne stehn zu hoch;
Mein Bächlein will ich fragen,
Ob mich mein Herz belog.

나는 정원사도 아니고요
별은 또 너무 높이 있으니
나의 시냇물에게 물을래요
혹 내 마음이 날 속인 건 아닐런지요

O Bächlein meiner Liebe,

오, 내 사랑 시냇물아

Wie bist du heut' so stumm!

Will ja nur Eines wissen,

Ein Wörtchen um und um

Ja, heisst das eine Wörtchen,

Das andre heisset Nein,

Die beiden Wörtchen schliessen

Die ganze Welt mir ein.

O Bächlein meiner Liebe,

Was bist du wunderlich!

Will's ja nicht weiter sagen,

Sag', Bächlein, liebt sie mich?

오늘따라 왜 너는 입을 다물고 있니

하나만 알고 싶구나

한 마디면 돼

'그래요' 바로 그 한 마디,

혹은 '아뇨'라는 다른 한 마디,

그 두 단어가

나에겐 온 세상을 의미해.

오, 내 사랑 시냇물아

넌 얼마나 경이로운지!

더는 말하지 않을테니

말해줘, 시냇물아.

그녀가 나를 사랑하니?

누구나 인생에 한 번은 이런 설렘의 순간이 있었을 테니 이 젊은이가 궁금해 하는 질문, 그리고 그가 듣고 싶은 단어가 뭔지 쉽게 짐작할 수 있을 것이다. 노래를 들으면서 우리는 그 질문에 점점 다가간다. 그가 '꽃에게도, 별에게도' 묻지 않았던 이유가 있다. 그는 시냇물에게 묻고 싶었던 거다. 그런데 시냇물이 갑자기 침묵했다. 마치 기도하는 듯하다. "내 사랑 시냇물아… ('제발… 제발…' 이 생략되어 있는 듯하다) 'Yes'니, 'No'니?" 그리고 떨림, 왜 이 두 단어가 그에게 온 세상인지 우리 모두가 알고 있지 않은가! 그리고 그가 진짜로 묻고 싶었던 말은 이 노래의 가장 마지막에 나온다. "그녀가 나를 사랑하니?"

그러니 이 연극 같은 장면을 어떤 시간으로 어떻게 끌어가야 하겠는가? 피셔 디스카우의 노래를 꼭 이어폰으로 듣기를 권한다. 그렇게 들어야 이 성악가의 뉘앙스를 온전히 느낄 수가 있다. 그는 완전히 이 스무 살 젊은이로 빙의하여 노래하고 있다.

음악가들은 당장 가사의 첫 단어 "Ich frage"의 리듬을 어떻게 처리할 것인지(짧은 시간 단위)에서부터 이 곡의 가장 마지막에 나오는 정말 묻고 싶었던 질문 "그녀가 나를 사랑하니?"에 이르기까지의 시간을 어떻게 구성해야 할 것인지(긴 시간 단위) 여러 차원에서 다양한 전략을 구사해야 한다. 사실 이 다양한 시간 구성에서 '박자'의 지각과 표현은 정말 아주 작은 요소에 불과하다. 그러나 한 권의 책으로 음악가들의 시간 문제를 모두 다룬다는 것은 턱없는 일이다. 그러니 기왕 책의 처음부터 박자의 문제에 초점을 맞추기로 하였으니, 지금부터 '연주자의 타이밍'은 박을 느끼고 표현하는 시간 단위에서 음악가들이 구사하는 전략에 초점을 맞춰 이야기하려 한다. 비트를 당기거나 미는 것, 다시 말해 좁은 범위의 타이밍에 집중할 것이다.

이 시간적 범위는 이 책의 1장에서도 언급한 바처럼, 30밀리세컨드에서 3초 내에 벌어지는 사건이다. 우리의 시간 감각은 이 범위에 일어나는 소리와 소리 패턴을 잘 지각하도록 발달되어 있다. 이 범위는 우리가 말을 할 때 말소리 리듬의 차이를 느낄 수 있는 시간적 범위이기도 하다. 이 범위에서 우리의 청각은 매우 예민하다. 약간의 변화에서도 뉘앙스의 변화를 느끼도록 진화되었다. 남자친구와의 대화 중에 "그래서?"라는 말이 나왔다고 치자. 이 말은 전후 맥락에 따라, 그리고 뉘앙스에 따라 "그래서 그다음엔 어떻게 됐어?"처럼 다음 스토리가 너무 궁금해서 사랑스럽게 묻는 질문일 수도 있고, "그래서 어쩌라고?"처럼 분노의 한 마디가 될 수도 있다. "그래서?"라는 같은 단어를 어떤 감정을 실어 표현하느냐에 따라 화자의 의도를 다르게 해석할 수가 있다. 그리고 경우에 따라서 그것은 나의 일상에 치명적인(?) 영향을 미칠 수도 있다. 이 예민함이 일어나는 범위가 바로 30밀리세컨드에서 3초다.

연주자들이 비트를 당기거나 미는 여러 가지 테크닉을 발휘하는 범위도 주로 이 시간적 범위에 집중되어 있다. 가수 최희준씨가 노래하는 〈하숙생〉을 들어보면 박을 비껴가듯 노래가 나오는 것을 느낄 수 있다.[1] "어디서 왔다가"나 "정일랑 두지 말자" 같은 부분 말이다. 그러면 우리는 '여유롭다'는 느낌을 받는다. 아이유의 〈삐삐〉라는 곡을 재해석한 가수 최예근의 〈삐삐〉를 들어보면 박을 아주 조금씩 뒤로 미는 듯한 느낌을 받을 수 있다.[2] 그래서 아이유의 경쾌함과는 전혀 다른 '끈적끈적함'을 느낄 수 있다. 신기하게도 사람들은 제 박자에 못 들어오는 경우(소위 '박치')와 일부러 끈적끈적하게 박자를 밀면서 박이 잘 안 맞는 경우를 기가 막히게 구분한다. 그리고 그렇게 박자를 갖고 노는 가수들을 "자신만의 그루브가 있다"고 표현한다.

박자를 가지고 노는 것, 이것을 클래식 음악을 연구하는 학자들은 '**표현적 타이밍**(expressive timing)' 또는는 '**미시적 타이밍**(micro-timing)'이라고 부른다. 또 재즈나 대중음악에서는 이를 좀 더 포괄적인 의미에서 '그루브감' 또는 '스윙감'이라고 표현하기도 한다. 이 모두 시간적 측면에서만 보자면 우리가 일반적으로 기대하고 있는 리듬적 패턴보다 살짝 늦게, 혹은 살짝 당겨서 표현되는 시간적 현상에서 비롯된다. 이 미시적 타이밍상의 차이는 말로 표현하기도, 악보에 표시하기도 어렵다. 그저 우리에게는 미세한 '뉘앙스'의 차이로 느껴진다. 연주자 개인의 개성을 표현하는 타이밍도 있지만 특정 장르나 음악 문화의 관습으로 정착된 미시적 타이밍도 있다. 앞서 언급한 최희준이나 프랭크 시나트라의 예는 개인적 표현의 타이밍에 속한다.

재즈 음악에서 흔히 말하는 '스윙감'은 장르의 특성으로 정착된 경우다. 스윙은 악보상으로는 '♪ ♪'의 패턴이지만 실제 연주에서는 앞의 팔분음표를 살짝 길게 연주하는 관습적 현상을 말한다. 그러므로 연주자에 따라 '♪ ♪' 패턴에서 '♩ ♪'에 이르는 어느 중간쯤의 리듬 패턴을 연주하게 된다. 그러나 그것은 '단지 첫음을 뒷음보다 살짝 길게 연주하는 것' 이상의 의미를 포함하고 있다. 그것은 무엇보다 '몸으로 체험되는' 어떤 느낌이다.

재즈 피아니스트 배리 해리스가 학생들에게 레슨하고 있는 장면을 보면 "호른 연주자들, 너희는 전혀 스윙하고 있지 않아"라고 하면서 자신이 시범을 보인다.[3] 미세한 타이밍의 차이와 악센트, 강약의 조절 등등 스윙 특유의 뉘앙스가 느껴지지만 글쎄… 그걸 어떻게 말로 표현할 수 있을까? 다만 몸이 움찔움찔 반응을 한다. 그래서 이 뉘앙스를 '몸으로 느낀다'고 말하는 사람들이 많다. 연주가들은 오랜 시간 훈련을 통해 감각적으로 이 타이밍을 몸에 익힌다. 한 연주자에서 다음 연주자에게로, 감각과 몸으로 느낀 그대로 전수되거나 재창조되어 발전하는 것이다. 그것의 정체에 대하여 이론가들이 뭐라고 떠들어대든 상관없이 말이다.

'뉘앙스'로 느껴지는 너, 정체가 뭐냐?

이론가들은 궁금했다. 연주자들의 시간차는 도대체 뭔데 이런 '끈적끈적함'이나 '울렁거림', '둥둥 뜨거'나 '주저주저함' 등으로 느껴지는 걸까? 이 모든 느낌들을 다 통쳐서 '뉘앙스로 느껴지는'이라고 표현하긴 했지만 미스테리, 그 자체다. 이 타이밍의 정체에 관심을 갖기 시작하면서 몇몇 학자들은 타이밍의 시간차를 측정해보기로 했다. '도대체 얼마나 밀당을 하는 거냐'가 궁금했던 것이다. 이러한 일을 제일 처음 시작한 사람은 미국의 심리학자 칼 시쇼어(Carl Seashore)였는데, 그는 컴퓨터도 없던 시절(20세기 초)에 아이오와 피아노 카메라라는 기계를 발명하여 10밀리세컨드 단위까지 음의 길이 변화를 측정했다. 이 기계는 피아노의 해머의 움직임을 찍어 온셋타이밍(소리를 내는 시작점)과 소리의 크기(다이내믹)를 측정할 수 있도록 마련된 장치였다. 그 결과 피아니스트들이 연주에서 악보에 적

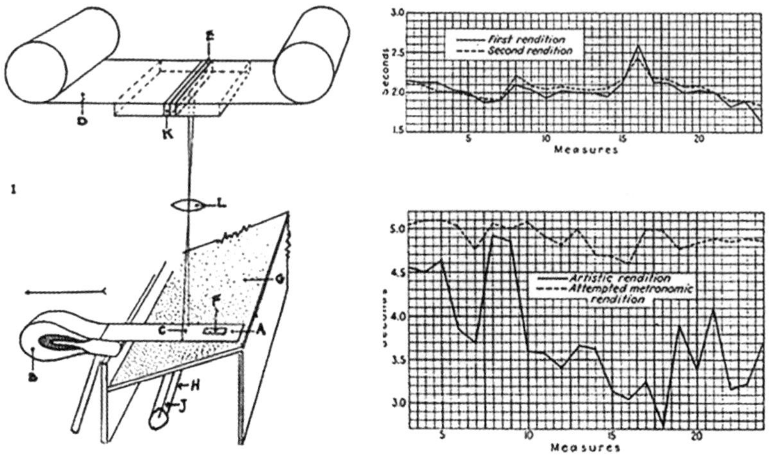

씨쇼어의 아이오와 피아노 카메라와 그것에 의한 속도 변화 곡선 4

힌 음의 길이나 높이로부터 상당한 정도까지 이탈한다는 사실을 발견했다. 그는 이것을 '예술적 이탈(Artistic Deviation)'이라고 불렀다.[5] 그것은 '이탈'이지만 작곡가에게, 혹은 청중에게 허용된 '이탈'이다. 뿐만 아니라 그것은 연주의 '예술적' 완성도를 높인다. 그 이탈은 예술적 아름다움인 것이다.

그렇다면 모든 이탈은 예술적일까? 모든 이탈이 예술적이라면 연주자들이 얼마나 기쁠까? 그런데 어떤 이탈은 허용되고 어떤 이탈은 허용되지 않는다. 심지어 어떤 이탈은 절묘함의 극치로, 예술적 경지의 극치로까지 이해되는 반면, 어떤 이탈은 '탈락'의 원인이 된다.

그런 평가의 기준은 무엇일까? 지금까지의 연구 결과로 보면 명확하게 설명할 수 있는 물리적인 이유나 객관적인 기준은 없는 것 같다. 다만 이 취향의 기준은 문화적으로, 혹은 암묵적으로 형성되어 있다.

비엔나 왈츠의 3박자와 마주르카의 3박자

1960년대 스웨덴의 음악학자 잉마르 뱅츠손(Ingmar Bengtsson)과 그의 제자 알프 가브리엘손(Alf Gabrielsson)은 '비엔나 왈츠'의 3박자를 연구했는데, 왈츠의 세 박이 동등하게 연주되는 것이 아니라 '짧음-긺-중간'의 패턴을 보여준다는 것을 발견했다. 그들은 이 연주적 이탈이 어쩌다 발생하는 것이라기보다는 나름의 체계와 일관성을 갖고 발생하는 것으로 보아 이를 '체계적 변화(SYVAR, SYstematic VARiation)'라고 불렀다.[6]

이를 잘 보여주는 것이 〈아름답고 푸른 도나우강〉 이라는 왈츠곡의 시작 부분이다. 아래 음악의 1분 38초 지점부터 이 곡의 삼박자를 받쳐주고 있는 저음부 악기들의 연주 시점을 잘 들어보시라. 연주는 비엔나 필하모닉(주빈 메타 지휘)의 것이다.

비엔나 왈츠의 연주에서 두 번째 박을 끄는 현상이 뚜렷하게 들린다. 이를 독일어권에서는 'schlepp 현상'('끌다'라는 단어 schleppen에서 가지고 옴)이라고 부른다. 두 번째 박을 '끄는' 것이라기보다는 두 번째 박을 살짝 당겨오는 것이다. 왈츠는 기본적으로는 첫 박에 강세가 있고 3박자가 꾸준하게 연주되는 전형적인 3박자의 대표적인 춤곡이다. 그러나 어떤 왈츠의 연주 중에는 2번째 박을 당겨서 이처럼 들뜨게 한다. 이건 정확히 어느 정도라고 말하기 어려운 '느낌적인 느낌'이다.

비엔나에서 태어나고 자란, 맥길대학교의 지휘자 하우저(Alexis Hauser)는 "이것은 19세기부터 내려오는 관습으로 비엔나의 오케스트라들은 거의 본능적으로 다 그렇게 연주한다"고 말한다. 그러면서 그는 이것이 "반복적인 반주 패턴에 에너지를 불어넣는 역할을 한다"고 말했다.[7] 이 같은 변주에 대해서 어떤 사람들은 두 번째 박에 선율이 없을 경우에만 일어나기 때문에 선율이 없을 때의 빈 공간을 정박으로 연주하면 재미가 없어서 시작된 관습이었을 것이라고 주장한다. 혹자는 춤의 영향이라고, 왈츠 동작에서 두 번째 박은 발을 올렸다가 부드럽게 끌어내리는 동작이기 때문이라고 말하기도 한다.

왈츠를 예술의 경지로 올려놓은 사람이 쇼팽이다. 쇼팽 피아노 연주의 전설 루빈스타인의 〈왈츠〉 연주를 들어보자. 17마디부터 이어지는 음악에서 왼손에서 연주되는 삼 박자의 흔들림을 느껴보라. 이 흔들림은 8분음표로 이어지는 33마디부터는 사라진다.

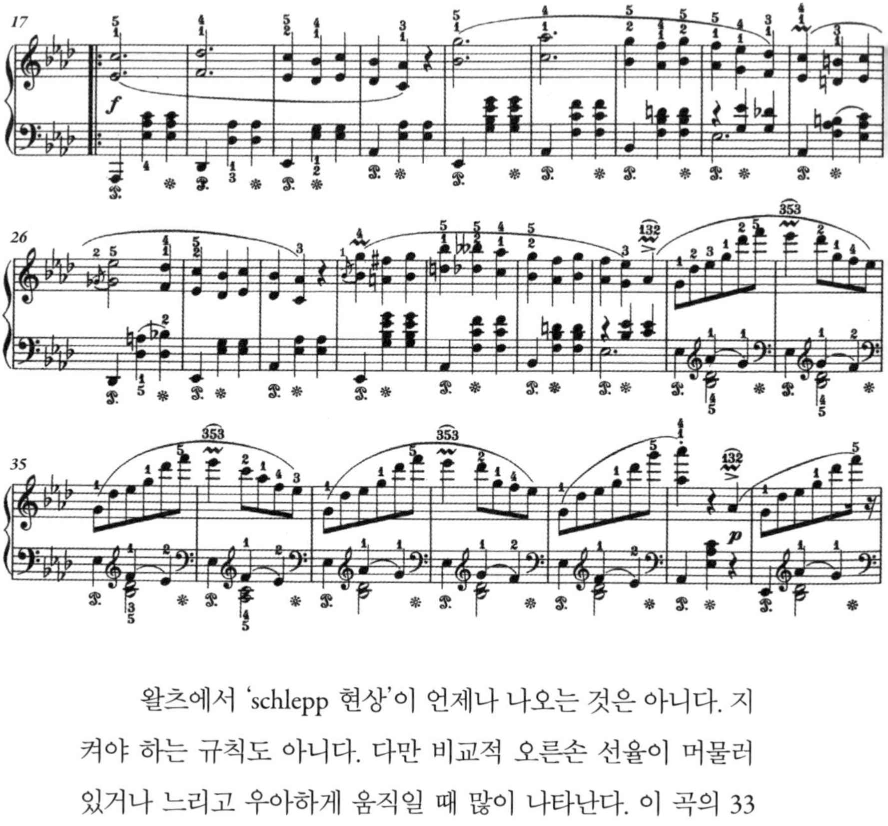

왈츠에서 'schlepp 현상'이 언제나 나오는 것은 아니다. 지켜야 하는 규칙도 아니다. 다만 비교적 오른손 선율이 머물러 있거나 느리고 우아하게 움직일 때 많이 나타난다. 이 곡의 33마디에서처럼 8분음표가 연속적으로 나오는 부분에서는 잘 나타나지 않는다.

마주르카도 왈츠처럼 3박자의 춤곡이다. 그리고 왈츠처

212

럼 2번째 박이 살짝 당겨지는 느낌도 있다. 그러나 두 장르의 느낌이 미묘하게 다르다. 마주르카는 독특한 리듬 패턴을 갖고 있는데, 첫 박이 분할되는(첫박이 8분음표 둘, 또는 부점리듬으로 쪼개지는 ♪♪♩♩ 또는 ♪.♪♩♩) 특징이 있다. 그 분할로 인해 박의 무게가 두 번째 박으로 이동된다. 이러한 특징을 잘 보여주는 연주가 있다. 호로비츠(Vladimir Horowitz 1903~1989)가 1987년 비엔나에서 공연한 쇼팽의 마주르카(Mazurka op.33 no.4 in b minor) 라이브 영상이다. 두 번째 박이 살짝 당겨 들어오는 느낌을 느낄 수 있을 것이다.

왈츠의 두 번째 박의 끌림 현상은 선율은 머물러 있고 주로 반주부에 의해 끌어올려지는 느낌이라면, 마주르카의 두 번째 박의 끌림은 선율이 주도하는, 즉 선율적 리듬 패턴의 특징 때문에 나타나는 현상이다. 그러므로 마주르카에서는 선율에서 ♪♪♩♩ 또는 ♪.♪♩♩ 리듬이 나타날 때는 거의 예외 없이 두 번째 박의 끌림

악보) 호로비츠 연주, 쇼팽의 〈마주르카 op. 33 no.4 in b minor (1-13마디)〉

혹은 강세가 나타난다.

물론 연주자들이 왈츠의 3박이나 마주르카의 3박을 이 글에서 말한 그대로 연주할 필요는 없다. 얼마 전 서울에서 '비엔나'라는 도시를 주제로 한 작은 음악회가 있었다. 연주회의 주제가 '비엔나'여서 비엔나 왈츠를 비엔나스럽게 연주하지 않을까 기대했다. 연주자들은 〈아름답고 푸른 도나우 강〉을 연주했는데 아쉽게도 두 번째 박의 끌림 현상을 보여주진 않았다. 기대하고 있던 사람에게는 살짝 아쉬웠지만, 그래도 다른 이유에서 좋은 연주였다. 아무튼 연주자라면 비엔나 필하모닉 오케스트라가 연주하는 비엔나 왈츠의 '쿵짝짝'을 유심히 들어볼 필요는 있을 것이다.

춤의 동작 때문에 박 혹은 분박의 길이가 일정하지 않게 되면서 독특한 그루브를 만드는 현상은 남미 쪽 댄스음악에서도 자주 보이는 현상이다. 브라질리언 삼바의 경우 16분음표가 동등하지가 않고 두 번째와 네 번째 16분음표가 조금씩 밀리는 현상이 있다. 이것을 '브라질리언 그루브'라고 하는데 이에 대하여 다음 동영상(8분 이후부터)에서 매우 분명하게 설명해주고 있다.

이 현상은 삼바 춤의 동작과 관련이 있다고 하는데, 무엇에 기인한 것이든 한번 형성된 박자감은 춤을 동반하지 않고 음악만 연주할 때도 그대로 나타나기 마련이다. 그리고 그 음악만의 독특한 리듬감으로 정착된다.

아치형 프레이즈 연주하기

춤곡이 아닌 일반적인 선율의 음악에서 연주의 룰이라 할 만한 타이밍상의 특징은 없을까? 1990년대에 들어 미국의 음악심리학자 렙(Bruno H. Repp)은 낭만주의 시대의 작곡가 슈만(Robert Schumann)의 〈트로이메라이(일명 '꿈')〉를 연주하는 28개의 뛰어난 연주자들의 연주 녹음으로부터 모두에게 공통된 현상은 없는가를 찾기 시작했다.[8] 선율의 서정성이 뛰어난 낭만주의적 연주에서 연주자들은 멜로디를 따라 박을 밀었다 당겼다 하면서 노래하듯 아름다움을 표현한다.

음악에서 '프레이즈'란 한 호흡으로 연주할 수 있는 선율적 단위라고 말할 수 있다. 〈애국가〉를 예로 들자면, "동해물과 백두산이 마르고 닳도록"까지가 하나의 프레이즈라고 할 수 있다. 혹은 "동해물과 백두산이"까지 하나의 프레이즈, 그리고 "마르고 닳도록"까지 또 하나의 프레이즈로, 더 작게 구분할 수도 있다. '아치형 프레이즈'라는 것은 하나의 프레이즈를 연주하는데, 짧은 프레이즈든 긴 프레이즈든 간에, 프레이즈의 시작 부분에서 느리게 시작해서 점점 빨라졌다가 프레이즈 끝부분에서 다시 느려지는 현상을 말한다.

쉽게 말하면 이렇다. 우리가 행진곡 같은 음악을 들으면 박이 그냥 그대로 느껴진다. 그러나 쇼팽의 녹턴 같은 느린 악곡을 들으면 선율에 따라 박이 흐느적거리는 것처럼 들린다. 그 '흐느적거림'은 우왕좌왕 아무 규칙이 없는 것은 아니고 일종의 아름다운 곡선의 괘도를 그리듯 움직이는데, 그 모양이 아치 형태라 해서 이를 '아치형 프레이즈'라고 한다.

다음의 그림은 여러 명의 유명 피아니스트들이 연주한 슈만의 〈트로이메라이〉 연주 순간의 템포를 잡아 그래프로 그려 놓은 것이다.

이 표에서 x 축의 '1-6, 1-7' 등등은 제1마디의 6번째 팔분음표, 7번째 팔분음표라는 뜻이다. 그러니까 그래프는 악보 위에 표시된 E-F-A-C-F 5개 음의 팔분음표를 연주한 길이를 보여주는 그래프다. 연주자마다 형태는 조금씩 다르지만 대부분 아치형을 보여주고 있다. y축의 숫자가 클수록 길게 연주한 것이므로 아칭은 속도의 '느림-빠름-느림'의 형태로 나타나는 것임을 알 수 있다.

아치형 프레이즈 현상은 프레이즈 길이와 크게 상관이 없다. 프레이즈의 길이가 아주 짧은 단위 일수도 있고 마디 단위 일수도, 더 길 수도 있으며 마디나 박자적 구조와 일치하지 않

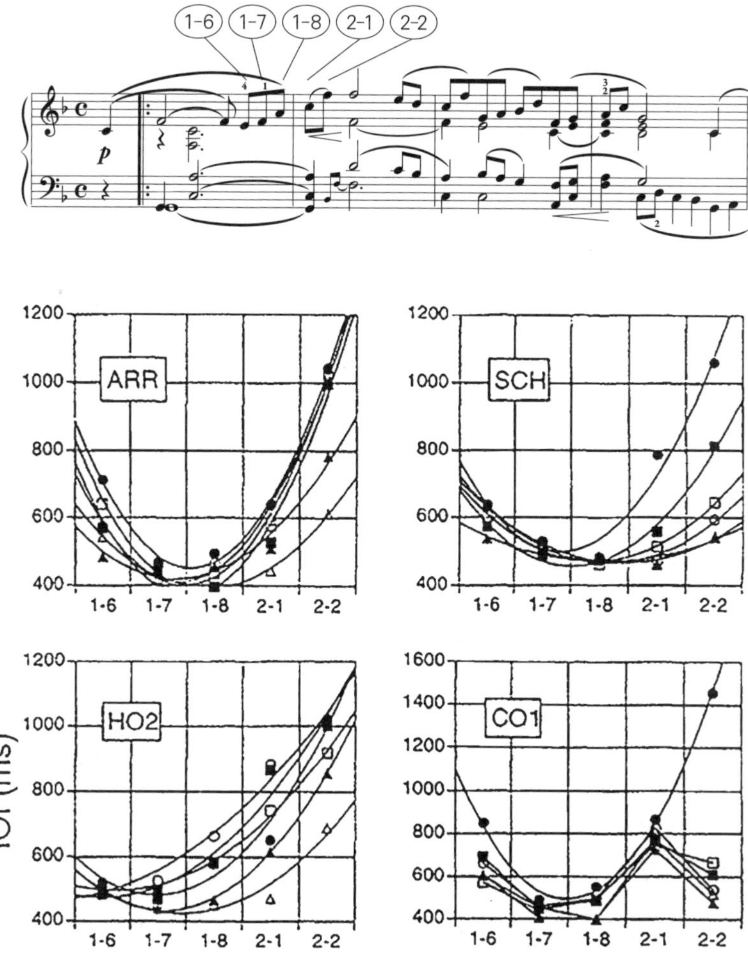

그림) 〈트로이메라이Träumerei〉 첫 번째 짧은 프레이즈의 악보와 속도 그래프

Repp, B. H.(1992) Fig. 7에서 가져옴. 4인의 피아니스트 아치형 프레이즈의 타이밍 그래프. Y축은 8분음표의 길이를 밀리세컨드로 측정한 값.(ARR-Arrau, SCH-Schnabel, HO2-Horowitz, CO1-Cortot의 연주임).

는 프레이즈일 수도 있다. 즉 박자 구조와도 큰 상관이 없다. 이 현상은 프레이즈의 차원에서만 나타난다. 오히려 프레이즈의 위치가 곡의 시작 부분에 있는가, 중간 부분인가, 끝 부분인가 하는 위치가 더 중요하다. 프레이즈가 곡의 종지에 가까울수록 아치의 변곡률은 더 컸다.

이 현상은 모든 장르의 음악, 모든 시대의 음악에 나타나는 것은 아니다. 같은 클래식 음악에서도 바로크 악곡 연주에서는 거의 나타나지 않는다. 또 낭만주의 악곡에서보다 훨씬 온건하게 나타난다. 같은 낭만주의 악곡이라도 시대에 따라 아치형 프레이즈 현상의 양상도 조금씩 변하고 있는데 음악학자 마이클 렉터(2021)의 연구[9]에 따르면, 오늘날 연주자들일수록 아치형 프레이즈 현상을 더 빈번하게, 더 명확하게 사용하는 경향이 있다고 한다. 그는 쇼팽의 〈연습곡 op.25 no.1〉을 대상으로 1909년부터 2016년까지 나와 있는 127개의 음반에 있는 여러 피아니스트들의 연주의 박을 측정했다. 시대를 거치며 연주 속도가 전반적으로 느려지거나, 혹은 전반적으로 빨라지고 있다는 세간의 이야기들은 사실이 아니었다. 그런 경향은 발견되지 않았다. 뚜렷한 것은 4번째 박이 점점 길어지는 경향이었다. 그 원인은 프레이즈의 끝에서 느려지는 경향이 증가했기 때문이었다. 즉 프레이징의 단위가 최근으로 올수록 점점 더 짧아지면서 아치형 프레이징이 나타나는 경향이 증가하고 있었다. 그리고 악센트를 가진 화성의 변화나 불협화음의 도착을 지연시키는 경향도 증가하고 있었다. 이 사실들은 최근으로 올수록 연주자들이 더 '분석적인 연주', 더 '구조적인 연주'를 하고 있다는 것을 보여준다. 연주자들은 악곡을 섬세하게 분석하고 자신이 분석한 구조를 연주에서 구현하려는 경향이 점점 더 강해지고 있었다.

이론가들은 아치형 프레이즈를 만들어내는 관습이 인간 행동의 관습에서 비롯된 것이 아닌가 추측하기도 한다. 사람들의 행동 대부분은 느리게 시작했다가 점점 가속도가 붙어 빨라졌다가 끝날 때는 점점 느려져야 행동이 멈춘다. 그러나 그렇게 자연 현상에 갖다 붙여서, 마치 모든 음악이 그래야 할 것처럼 볼 필요는 없다. 이 현상은 서양에서도 18~9세기 이후에나 등장했기 때문이다.

내가 조사한 바에 따르면, 우리 전통음악에서는 이런 현상이 거의 발견되지 않는다. 나는 우리 전통음악의 남창가곡 〈우조 초수대엽〉의 기악연주(대금, 거문고, 장고), 여창가곡 중 반엽 〈남하여〉, 서울굿에 나오는 〈신장타령〉을 포함한 여러 타령 등을 조사한 바 있는데, 정악이나 민속악 중 어느 악곡에서도 '아치형 프레이즈' 현상과 유사한 경우는 잘 나타나지 않았다. 우리 음악의 경우 '장단'이라는 리듬적 패턴이 반복하면서 음악의 시간적 구조를 만들고 있기 때문에, 간혹 장단의 첫 박이 강하고 길게 연주되는 일, 혹은 노래를 포함할 경우 노래의 악구 시작의 첫 음이 강하고 길게 처리되는 일은 있으나 악구의 끝에서 느려지는 일은 거의 없다. 곡을 끝낼 때조차 오히려 서둘러 끝내는 듯한 느낌이 들 정도로 곡의 가장 마지막에서도

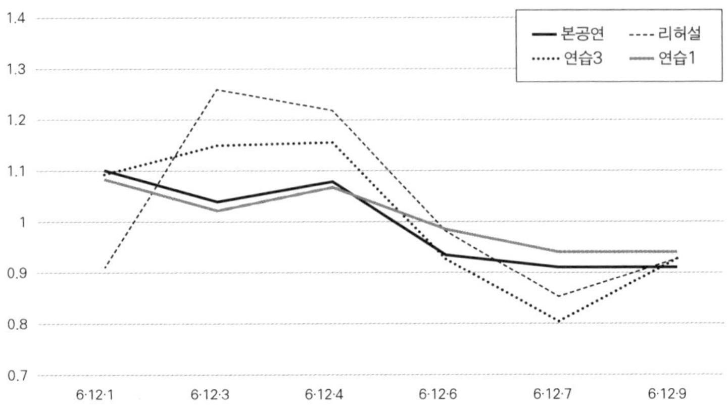

그림) 〈우조 초수대엽〉의 가장 마지막 장단의 마지막 부분에서의 속도 변화
y축의 '1'은 이 곡 한 박의 평균속도에 해당한다. 곡의 끝부분임에도 불구하고 평균보다도
짧게 (빠르게) 연주되고 있음을 보여준다. 4회의 녹음(본공연, 리허설, 연습3, 연습1) 모두에
서 그러했다.

느려지는 느낌이 거의 없었다. 작곡가 윤이상은 한국음악의 이
러한 끝맺음에 대해 이야기한 적이 있다. 우리 음악은 마치 자
연의 일부, 즉 자연 속에서 스르르 나와서 자연 속으로 사라지
는 것처럼 끝맺음의 미학을 갖고 있다고 이야기했다.

이에 반해 서유럽의 고전음악은 내적 완결성을 추구하는
미학적 속성을 갖고 있다. 음악 자체의 완결성, 그래서 주위의
환경과 시간 등과 동떨어진, 그 자체로 하나의 완성된 결과물
을 지향하는 미학적 속성을 갖고 있다. 연주자들은 완성된 음
악의 견고한 구조물을 연주로 드러내고자 한다. 그래서 현대에
올수록 연주자들은 소위 '분석적 연주'의 경향을 많이 보이고
있다. 아치형 프레이즈 연주의 구축이 강고해지면 강고해질수

록 연주의 즉흥성이 사라질 수 있음에 주목해야 한다. 완성도
가 높아짐에 따라 음악의 폐쇄성도 높아지는 아이러니가 있다.

밀림 혹은 당김

힙합에서 레이백은 박을 조금 뒤로 미는 현상으로, 그런 음악은 우리의 몸을 약간 느리적거리게, 혹은 끈적끈적하게 만드는 경향이 있다. 크러쉬와 BTS의 제이홉이 함께 노래한 〈Rush Hour〉라는 노래를 들어보라.[10] 시작 부분의 크러쉬 파트에서 정확하게 박을 짚는다기보다는 박이 조금씩 밀리는 듯한 느낌을 받는다. 던 말릭이라는 래퍼의 랩을 들으면 더 확실하게 느낄 수 있다.[11] 동영상에 달린 댓글에 누군가가 적어놓은 대로 "듣는 맛이 지린"다.

이 비슷한 현상은 재즈에서도 흔하게 볼 수 있다. 자주 나타나는 연주 방식 중 하나가 워킹 베이스(walking bass, 베이스기타나 베이스에 해당하는 악기들이 박을 규칙적으로 연주하는 관습)인데, 이때 워킹 베이스를 연주하는 재능 있는 베이스 연주자들은 드럼과 일부러 일치하지 않으려고 살짝 비껴가게 소리를 내는 경우가 있다. 그들은 좀 당겨서 박보다 살짝 앞에 가기(푸싱)도 하고 살짝 뒤에서 나타나기(레이백)도 한다. 또 워킹 베이스 위에 얹어지는 솔로 악기들은 비교적 박자적으로 자유로운 선율을 노래한다. 자유롭다고는 하지만 많은 경우 첫 음이 강박보다 뒤에 나오고 약박에서 합쳐지는 경향을 보인다. 모든 음악에 이런 관습이 있는 것은 아니다. 클래식 음악에서는 주선율을 담당하는 악기가 오히려 반주부보다 아주 미세하게 먼저 나오는 경향이 있다. 그렇게 함으로써 앙상블 전체의 시간을 이끌어가는 역할을 한다.

'스윙감'이라고 부르는 스윙의 느낌도 팔분음표 두 개의 리듬 중 두 번째 팔분음표가 살짝 뒤로 밀리는 듯한 느낌이다. 그래서 이 또한 많은 연구자들이 도대체 얼마나 밀리는 것을 스윙이라고 하는지 연구에 달려들었다. 초창기 연구자들은 이것이 약 2:1 정도의 비율 관계라고 말했다. 그러나 좀 더 정밀하게 연구한 결과 템포에 따라 달라진다는 사실을 발견했다. 템포가 느린 음악에서는 비율이 더 커지고, 빠른 템포에서는 거의 1:1에 가깝게 된다. 그런데 더 정밀하게 연구해보니 이것도 사실이 아니라는 것이 밝혀졌다. 템포에 따라 일정한 비율로 스윙이 일어나는 것은 아니라는 것이다. 독자들도 느끼겠지만, 연주 측정의 문제는 몇 개의 샘플을 추출해 평균값을 구해보면 샘플에 따라 다른 결과가 나온다. 또 여러 연주의 평균값을 구하다 보니 가장 일반적인 답은 뭘까에 초점이 맞춰지면서 원래의 의도, '훌륭한 연주의 밀당은 어떤 것일까'라는 질문으로부터는 뭔가 어긋나는 느낌이다.

그러다 보니 이것은 도대체 뭘 위한 측정인가, 2:1이 아니
리 1.75:1인 것이 정말 중요할까 하는 의문이 든다. 연주 데이
터의 측정으로 얻어진 숫자, 그 자체는 그것이 소수점 몇 자리
까지를 포함한 정확함을 갖고 있든 말든, 이 방식으로는 우리
의 궁금증인 '밀당의 정체'에 과연 다가갈 수 있을지 의문이 든
다. 남은 기대는 엄청난 양의 연주 데이터를 다룰 수 있는 빅데
이터 처리기술이 무언가 의미 있는 연구결과를 줄 수 있지 않
을까 하는 것이다.[12] 예를 들면, 많은 음반 자료들로부터 타이
밍 데이터들을 추출하여 앞에서 언급한 렉터(2020)의 연구처럼
긴 역사에서 연주자들의 타이밍 처리가 어떻게 변화하는지를
연구한다든가, 클래식 연주자 중 아시아 지역 출신의 연주자들
이 러시아 지역 출신의 연주자들과 어떤 점에서 차이가 있는가
등 큰 규모의 비교집단을 구상하여 비교하면 보다 유의미한 결
과를 얻을 수도 있을 것이다. 또 연주자 인터뷰 등 다른 질적 자
료들과 함께 수집한다면 데이터 해석 과정에서 보다 유의미한
결과를 낳을 수도 있을 것이다.

참여적 불일치, 그루브

재즈에서 클래식 음악의 '표현적 타이밍'과 가장 가까운 개념이 '그루브'다. 표현적 타이밍과 그루브 현상을 같은 현상이라고 보기는 어렵지만 표현적 타이밍과의 공통점은 그루브 역시 '연주에서 발생하는 타이밍상의 미묘한 변화'에 근거한다는 점이다. 그루브의 경우, 청중이 신체적으로 참여하며 즐기는 문화적 현상이라는 점을 강조한다. 그루브 연구에 대한 관심을 촉발시킨 카일과 펠드의 책(Keil & Feld, 1994)에서 카일은 그루브를 "재즈 드러머의 비트내에서 손과 발, 베이스와 드럼 간, 리듬 세션과 솔로들 간의 작은 불일치"로 생겨난다고 설명했다. 그는 이것을 참여적 불일치(이하 PD, participatory discrepancies)라는 말로 개념화하였는데, 이 개념어가 보여주는 것처럼 그루브 연구자들은 '불일치'뿐만 아니라 이것으로 인해 청중과 연주자가 이 과정에 '참여'하게 된다는 것에 방점을 찍고 있다. 즉 이 불일치에도 불구하고 기꺼이, 혹은 불일치로 인해 더욱더 그 음악에 빠져들게 된다는 것이다. 이때 연주자와 청중의 '참여'는 특히 몸의 움직임과의 연관성 속에 있다고 본다. '참여'가 일어나는 현장은 몸의 들썩임과 무관하지 않기 때문이다.

클래식 음악에서의 이론가들이 '이탈'에 방점을 찍는 것에 반해, 그루브 연구자들은 타이밍상의 이탈 여부보다는 청중들의 '참여', '몸의 움직임'에 더 중점을 두고 있다. 그루브는 어떤 방식으로든 음악이 나의 몸을 움직이게 하는 어떤 것이다. 그래서 최근에는 그루브의 정의가 "음악에 참여하는 동안 감각적 운동신경이 결합된 긍정적 감정이 합쳐져 음악에 반응하고 몸을 움직이게 하는 것"이라고 바뀌었다.[13]

이탈이 아니라 즐거운 감정과 몸의 움직임에 방점이 찍히다 보니 그루브 연구자들은 음악의 구조 자체에 그루브의 비밀이 있다기보다는 청자의 반응(정신적·신체적), 혹은 청자의 주관적 상태가 더 중요한 요소라는 점을 인식했다. 그루브는 특정 장르에서만 느껴지는 것이 아니라 이를 느끼는 간주관적 동의가 존재함도 확인했다. 연구자들은 여러 장르의 음악을 들려주고 그루브를 느끼는지 조사했는데, R&B음악(모타운이나 소울, 여기에 힙합이나 랩은 포함되지 않음)을 들을 때 락, 포크, 재즈음악보다 약간 더 높은 정도로 그루브를 느낀다고 응답한 것으로 나타났다. 하지만 유의미한 차이가 있을 만큼 크진 않았다.[14] 오히려 큰 차이는 장르가 아니라 속도와 '음악(장르)에 대한 친숙성'에 있었다. 빠른 음악(100bpm 이상)이 느린 음악보다, 그리고 친숙한 음악이 그렇지 않은 음악보다 더 많이 그루브를 일으킨다. 그리고 그루브를 많이 느꼈다는 응답자들의 대답은 참가자들의 몸의 움직임과 뚜렷한 상관관계가 나타났다. 그들은 그루브를 더 많이 느꼈다고 응답한 음악에서 실제로 더 많이 움직였다.

'그루브감'과 관련하여 또 하나 관심이 가는 것은 연주자들이 느끼는 그루브감이다. 특히 재즈 음악 연주자들 사이에서 이 단어가 연주에서의 '집단 몰아일체(沒我一體)'를 느끼는 현상을 지칭한다.[15] 이 과정을 다른 말로는 '감정적 조율(empathetic attunement)',[16] 혹은 '그룹 플로우(group flow)'라고도 하는데, 음악 연주에서의 이러한 정신적 상태는 이것이 비언어적 소통을 통해 이르는 상태이기 때문에 심리학적으로도 흥미롭다. 연구자들은 말로 표현할 수 없는 이 상태가 음악의 시간적 특징들과 어떤 관련이 있을 것이라는 가정을 갖고 있다.[17] 시간적 특징이란 단지 박자의 공유만을 의미하지는 않는다. 박자의 공유를 포함하여 시간적 이탈, 강도, 억양, 아티큘레이션, 음색 등으로부터의 표현적 정보가 모여서 만들어내는 에너지(혹은 '기') 흐름의 시간적 공유, 즉 다양한 차원에서의 변화와 동시성을 의미한다.

그러므로 박 단위에서의 밀림과 당김의 문제를 포함한 여러 하위 단위에서의 미세한 시간적 변화가 감정적 느낌을 어떻게 전달하는지, 그리고 더 상위 단위에서의 시간적 전개 과정이 어떻게 공유되어 고조된 감정에 이르게 되는지에 대해서 음악학자들의 관심이 집중될 수밖에 없다. 게다가 이 감정적 고조는 음악적이기만 한 것이 아니라 개인적 경험과 서로 다른 지식, 개성을 가진 연주자들이 모여 만들어내는 사회적 구성물이기도 하다. 연주자 간의 사회적 관계, 타 연주자에 대한 친밀도·신뢰도, 각 연주자들이 개별적으로 갖고 있는 음악적 이상, 연습 정도와 이전 경험 등도 고조된 감정을 만들어내는 데 적지 않은 몫을 차지한다. 그러므로 이 상태는 Ⅱ장에서 언급했던 '사회적 동조'와 연결되는 것이기도 하다.

단지 기보된 악보에서의 밀림-당김의 타이밍을 일부 찾아내서 이 특징이 '감정의 공유'라는 복합적 심리적 구성물을 만들어내는 데 얼마나 기여하는지를 찾아내는 것은 처음부터 불가능한 일일지도 모르겠다. 그러나 박자의 공유와 밀림-당김의 적절한 균형이 이 '감정적 공유'를 만들어내는 여러 원인들 중 하나라는 것은 의심의 여지가 없다. 나는 왜 그것을 확신하는가? 갓 태어난 아기였던 때로 돌아가보자.

시간의 공유가 어떻게 공감과 연결되는가

서로 의사소통할 수 있는 언어가 없는 상황을 상상해보자. 어떤 일이 일어날까? 영화 〈컨택트〉(2017)에서 주인공인 언어학자 루이스 뱅커스 박사는 외계인을 만난다. 그녀는 그들이 지구에 온 이유를 알아내라는 임무를 수행한다. 만약 우리가 어느 날 갑자기 외계인을 만나게 된다면 어떨까? 아주 낯선 두 생명체가 처음 만났을 때 가장 먼저 드는 생각은 '저게 나를 공격할까'일 것 같다. 그걸 모르기 때문에 첫 대면에서는 극도의 긴장과 공포가 있다. 실제로 이 영화에서도 주인공인 루이스는 첫 만남 후 넋이 나간 듯 온몸에 힘이 빠진다. 온갖 시도 끝에 주인공은 칠판을 가져갔고 거기에 'human'이라고 썼다. 그리고는 자신을 가리켰다. 여러 차례 반복하고 났더니 외계인은 손처럼 사용하는 촉수(영화에서는 외계인이 헵타포드, 7개의 발을 가진 연체동물처럼 묘사되어 있다)에서 먹물 같은 것을 뿜어내면서 원을 그렸다. 처음엔 모두 놀랐으나 그들이 다시 원을 그렸을 땐 거기 있던 사람들이 모두 감격하며 마주보고 서로 웃었다. 무슨 뜻인지 이해해서가 아니다. 그저 처음으로 무언가가 통했다는 느낌을 받았기 때문이다. 그것으로 그들과 인간 사이에 놓여 있던 긴장감이 다소 해소된 것이다.

여기서 이 영화에 대한 이야기를 꺼낸 이유는 이와 유사한 상황이 아기가 엄마 뱃속에서 나와 처음 세상을 접하게 될 때도 펼쳐지지 않을까 하는 생각에서다. 아기가 어떤 감정을 어떻게 느끼는지 구체적으로는 알지 못해도, 갓 태어난 아기가 본능적으로 배고픔을 느끼고 움직이고 싶어 하는 등 생존을 위해 무언가를 원한다는 점을 고려하면, 신생아가 자기 주변을 얼쩡거리는 생명체들과 어떤 감정적 상태를 갖길 원할지 짐작할 수 있다.

엄마와 아기 간 소통은 이 낯선 두 생명체가 어떻게 서로 간 유대관계를 만들어가는가를 잘 보여준다. 누가 가르치지 않아도 세계의 모든 엄마들은 아기들 앞에만 서면 예쁜 음성언어를 사용한다. 이 음성언어의 억양과 뉘앙스는 전 세계가 비슷하다. 이것을 '아기에게 사용하는 언어'라 하여 IDS(Infant-directed speech)라고도 하고 '모성어(motherese)'라고도 한다. 모성어는 대체로 억양이 강하고 과장되어 있으며 음성어를 많이 섞어 쓰고 리드미컬한 것이 특징이다.[18] 애완동물에게 사용하는 언어, PDS(Pet-directed speech)도 이와 유사하다.

《사피엔스》의 저자 유발 하라리는 인류의 조상이 직립 자세에 적응하는 과정에서 엉덩이가 좁아져 아기가 나오는 산도도 좁아지는데 아기의 머리가 점점 커지는 기간에 출산을 하면 사망의 위험이 커진다고 하면서, 그래서 우리 인간은 이른 출산을 하게 되었다고 한다. 그로 인해 인간의 아기는 어른들이 부양하고 지켜줘야 하는 기간이 길어졌는데, 이로 인해 인간의 사회적 능력이 더 발달하게 되었을 것으로 보고 있다.

엄마와 아기들의 상호작용을 연구하는 트레바르센과 말로흐(Trevarthen & Malloch)는 엄마와 외부 세계와 소통하는 아기의 다감각적 표현적 능력을 소통적 음악성(communicative musicality)이라고 특징지은 바 있다.[19] 이 소통방식은 타이밍, 운율, 억양의 측면에서 상당한 보편성과 고유성을 갖고 있다. 엄마가 사용하는 모성어의 특징인 과장된 억양, 리드미컬하고 다채로운 타이밍, 풍부한 표정, 커다란 눈, '쮸쮸, 까꿍, 잼잼' 등 잦은 음성어의 사용 등은 전 세계 어디나 보편적이다. 그것은 정확히 말하면 '말'이라기보다는 무의미한 발성음에 가깝다. 아기들을 달랠 때 우리나라 사람들이 자주 쓰는 '오로로로(혀를 굴리며 내는 소리) 까꿍!' 같은 소리를 생각해보면 된다.

또 억양은 과장되어 있으며, 나름의 리듬을 타고 있어서 얼핏 들으면 노래 같은 말이다. 즉 반(半)음악 반(半)언어 같다. 아기는 이 모성어를 통해 울음을 그치기도 하고 까르륵 웃기도 하며 안정을 느끼고 엄마와 교감한다. 아기와 엄마는 마치 그 말을 서로 이해하는 것 같다. 정확한 '뜻'을 이해했다기보다는 '그냥 뭔가가 통했다'는 느낌, 그 느낌에서 오는 안정감, 그런 것이다. 아기들의 건강한 성장에는 엄마, 또는 주변에서 자신을 돌봐주는 사람들과의 강한 유대감이 매우 중요하다. 그들의 양육과 사랑을 듬뿍 받을수록 건강하게 자란다.[20]

갓 태어난 아기들이 이 모성어를 얼마나 주의 깊게 듣는지, 그리고 어떤 방식으로 듣는지 실험한 연구가 있다. 생후 4일 된 프랑스 아기를 대상으로 실험[21]했는데, 아기들은 영어나 러시아어를 들을 때보다 프랑스어를 들을 때 젖꼭지를 더 열심히 빨았다고 한다. 생후 4일 된 아기들이 언어를 구별하다니! 아기들이 무엇으로 러시아어와 프랑스어를 구별했을까? 아기들은 언어 패턴의 운율(억양, 강세, 리듬)에 동조하는 것으로 알려져 있다. 엄마의 음성이 담긴 녹음 테이프를 거꾸로 돌려서 아기들에게 들려주었다. 이렇게 하면 자음과 모음은 대부분 보존되지만 억양이 나오는 순서와 리듬은 바뀐다. 그러자 아기들의 선호 성향이 사라졌다. 단 4일 만에 아기들은 자신을 양육해주는 사람의 운율(억양, 강세, 리듬)적 특징을 식별한 것이다.

신생아와 유아는 말의 운율적 요소에 아주 민감하다. 거기에서 보호자의 자신에 대한 마음, 애착 (혹은 적대감)을 느낄 수 있기 때문이다. 운율은 대개 메시지의 감정적 측면을 전달한다. 유아는 부모가 특별히 강조하는 몇 가지 음향 특성에 긍정적으로 반응해 부모를 역으로 훈련시킨다. 유아의 긍정적인 반응에 고무된 엄마는 더더욱 모성어적 특성을 강화한다. 아기들의 발달 과정을 관찰한 말로흐와 트레바르센은 어떤 문제를 해결하고자 하는 생각이 먼저 있고 그 생각을 교환하기 위해

언어가 만들어졌을 것이라는 관점을 비판한다. 그리고 아기들을 연구해보면 서로 소통 혹은 친해지고자 하는 일종의 게임, 비언어적 소통이 먼저라는 것이다.

비언어적 소통의 진화적 기원은 현생 유인원과 원숭이에게서 발견되는 '신호음 레퍼토리'와 본질적으로 같은 종류의 발성이나 제스처로 볼 수 있다.[22] 언어와는 다른 의사소통 수단인 '신호음 레퍼토리'[23]는 인간의 언어가 갖는 '정보전달의 기능' 대신 더 강력한 '조작의 기능'을 갖고 있는데, 이에 대해서 진화심리학자 스티븐 미슨(Steve Mithen)은 이렇게 말한다.

"이들(원숭이와 유인원)의 발성과 제스처가 다른 개체에게 세상에 대한 정보를 알리는 것 같지는 않다. 우리가 타인과 이야기를 할 때 사물이나 사건, 생각을 지시하는 것과는 다르다, 원숭이와 유인원들은 자신의 지식과 의도를 다른 개체는 가지고 있지 않다는 사실을 이해하지 못하는 듯하다. 이들의 신호음과 제스처는 지시의 기능이 아니라 조작의 기능을 한다. 다시 말해 쿠비(샌프란시스코 동물원에 사는 수컷 고릴라)는 주라(암컷 고릴라)가 함께 놀아주기를 '바라'거나, 사바나원숭이가 동료들이 포식자로부터 도망치기를 '바라'는 등, 다른 개체에게서 자신이 원하는 행동의 형태를 이끌어내기 위한 것이다."[24]

이 신호음 레퍼토리는 상대방의 마음에 '동요'를 이끌어내는 기능을 한다는 것이다. 물론 이 조작이 성공한다면 내가 바라는(의도) 방향으로의 '동요'가 일어날 것이다. 그러므로 이 소통방식의 내용은 구체적이지 않지만, 감정의 방향(나에게 긍정적이냐 부정적이야)과 강도(강하냐 약하냐)는 분명하다.

엄마와 아기 간의 비언어적 놀이 역시, 분명한 조작적 특징을 갖고 있다. 즉 감정의 방향(나에게 긍정적이냐 부정적이냐)과 강도(강하냐 약하냐)는 분명하다. 따라서 이 비언어적 놀이가 상대방의 감정을 이끌어내려는 의도와 목적이 있다는 것은 분명하다.

이 비언어적 놀이를 좀 더 들여다 보자. 엄마의 '오르르르 깍꿍'을 들은 아기는 가만히 있지 않는다. 좋아서 팔다리를 흔들거나 까르르르 웃거나 한다. 엄마는 자꾸 반복한다.

'오르르르 까꿍'(엄마)— '까르르르'(아기),
'오르르르 까꿍'(엄마)— '까르르르'(아기)…

무한반복해도 아기는 절대 지치지 않을 기세다. 또 다른 놀이도 있다. 엄마가 '곤지 곤지 곤지 곤지'를 반복하면서 오른손 둘째 손가락을 왼손 손바닥에 짚는 행동을 하면, 6개월 정도 지난 아기면 엄마가 '곤지 곤지 곤지 곤지'만 해도 그 행동을 엄마(혹은 보호자)의 리듬에 맞춰 따라한다.[25] 이 놀이는 곧 다른 방식으로 확장된다. 엄마가 '오르르르르르르르' 엄청 길게 하는 것이다. 그러면 아이는 눈이 동그래진다. 기다리고 있던 '까꿍'은 언제 나오지? 그러다 갑자기 엄마가 '까꿍'하면 너무 즐거워한다. 이 놀이가 얼마나 리듬적이고 반복적인지를 생각해보라. 그리고 이 놀이가 아이와 엄마에게 얼마나 마냥 행복을 주고 기쁨을 주는지, 그리고 전혀 상관없는 그저 이 장면을 보고 있는 사람들에게까지 많은 미소를 흘리게 하는지 생각해보라. '시간적 공유'라는 놀이와 '감정적 유대감' 간의 관계는 인지적 추론이 있은 후 발생하는 것이 아니라 이미 본능적으로 장착되어 있는 것처럼 보인다.

지금까지의 이야기를 종합하면 이렇다. 리듬적이고 반복적인 놀이는 아기의 주의집중을 일으키고, 아기와 엄마 사이에 감정적으로 유대감을 일으킨다. 또한 아이의 반응은 시간적 협력 행동에서 상대방의 행동을 미리 예측하고 그에 맞게 협력을 계획할 수 있게 한다. 반복적 행동을 하다가 기대와 달리 갑자기 다른 행동을 보일 때 아이가 즐거워하는 장면은 두 사람 간의 관계를 더 친밀하게 만들 뿐만 아니라 아이에게 상대방의 시간을 예측하는 능력을 키우는 학습과정이기도 하다.

그렇다면 리듬적이고 반복적인 시간적 협력 행동이 감정적 유대감으로 연결되는 신경적 메커니즘이 형성되어 있을 것 아닌가? 필립스 실버와 켈러는 누군가가 특별한 리듬을 던졌을 때 함께 그 리듬을 따라하고 싶어 하는 거의 반자동화된 본능을 갖고 있는데, 그 본능이 실현되었을 때 느끼는 강한 유대감, 하나됨의 미학적 감정을 갖게 되도록 어렸을 때부터 프로그램되어 있다고 보았다.[26] 그들의 이런 주장은 어린 시절부터 훈련된 '거울뉴런'의 감정적 공명과 시뮬레이션의 힘에 근거하고 있다.

거울뉴런은 리촐라티(마르코 야코보니)의 연구팀이 원숭이의 뇌를 연구하는 과정에서 우연히 발견했다. 우리의 '모방본능'을 일으키는 기제로 알려져 있다. 갓난아기들 앞에서 우리가 웃거나 특이한 행동을 하면, 따라하라고 말하지 않아도 금방 똑같이 따라한다. 거울뉴런 때문이다.

그런데 거울뉴런의 특이점은 그냥 따라하는 것에 있지 않다. 거울뉴런은 지각, 행위, 의도가 동시에 결합되어 부호화되어 있다는 점에 있다. 사과를 집어 올리고 있는 다른 누군가를 관찰하면, 반드시 뇌 안에서 자기 자신이 사과를 움켜쥐는데 필수적인 운동 계획이 같이 활성화된다(지각과 행위 사이의 장벽이 없다). 거울뉴런은 똑같은 행위일지라도, 그것이 다른 의도와 결합되었다면, 그 행위를 다르게 부호화한다. 잘 정리된 테이블 위에 놓인 찻잔을 들어올릴 때와 지저분한 테이블 위에 놓인 찻잔을 들어올릴 때, 거울뉴런은 다르게 반응한다. 전자는 차를 마시려는 행위로 이해하고, 후자는 찻잔을 치우는 행위로 이해하여 반응한다. 거울뉴런은 단순히 수행 행위와 관찰 행위를 일치시키는 신경계 역할만 하는 것은 아니다. '지각-행위-의도'를 하나의 세트로 이해한다.

공감능력은 '상대방의 의도까지 하나의 세트로 파악하는' 거울뉴런과 깊게 관련되어 있을 수밖에 없다. 필립스 실버와 켈러 팀은 이 거울뉴런으로 인한 행위의 공명과 가상놀이(simulation)가 공감 능력과 관련되어 있음을 근거로 아기와 엄마 사이에 일어나는 모방적 리듬놀이가 자동적으로 서로 간의 공감이라는 감정적 상태로 이어진다고 보았다. 물론 이 모방놀이가 꼭 '리듬적'이어야만 하는 것은 아니다. 그냥 얼굴 표정 모방놀이만으로도 서로 간의 공감대는 이루어진다. 다만 '모방'이라는 행위를 상호 진행한다는 것은 그 자체로 이미 시간적인 사건이라는 점을 간과할 수 없다. 크게 보아 3가지 시간적 가능성 중 하나이기 때문이다. 모방행위를 동시에 하거나(chorusing) 교대로 하거나(turn-taking), 아니면 아예 불연속적으로 하거나. 이 중 앞의 두 가지가 불연속적으로 따라하기에 비해 훨씬 공감의 강도가 세다는 것을 여러 연구결과들이 보여주고 있다.[27] 두 사람 간의 대화에서 리듬적 동조를 연구한 학자들은 "소위 대화를 잘하기로 유명한 여성들의 경우, 상대방과의 대화에서 리듬적 동조가 매우 높은 것으로 나타났다"[28]고 보고했다. 그리고 그 결과는 해당 여성에 대한 긍정적인 사회적 평가, 매력도를 높이는 것으로 나타났다. 함께 음악적으로 연주를 잘 마친 상대방에게 우리가 긍정적 평가와 매력을 느끼는 것도 이와 연결되어 있을 것이다.

그러나 리듬적 동조가 어떻게 공감으로 연결되는가에 대해서는 아직 연구되어야 할 것들이 많다. 질문 자체도 불분명한데, 여기서 말하는 '공감'이라는 것이 우리가 음악을 들을 때 느끼는 각종 쾌감과 동일한 감정 상태라고 볼 수 있는지, 혹은 그러한 감정의 가장 베이스에 깔린 기본 감정(?) 같은 것이라 볼 수 있는지 명확하지 않다. 또한 모든 리듬적 동조가 다 '공감'을 일으키는지, 박자가 분명한 리듬적 동조가 더 '공감'을 일으킨다고 말할 수 있는지, 아니면 밀당이 느껴지는 음악에서

더 '공감'을 일으킨다고 말할 수 있는지, 이런 문제도 확인해봐
야 한다.

다만 비언어적 의사소통을 통한 상호 간 동조가 공감이라
는 감정적 상태와 거의 하나의 부호로 연결되어 있다는 사실,
그리고 비언어적 상호 간 동조의 여러 형식 중 일부가 리듬 지
각의 인지적 과정으로 정교화된 것으로 보이기 때문에 리듬 인
지를 그 뿌리부터 사회적인 것이라 보는 주장이 근거가 없지는
않다는 것에 대해서는 말할 수 있겠다.

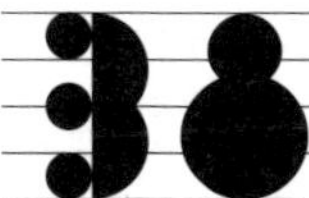 밀당, 공감의 극대화

마치 가만히 있어도 우리 뇌에 흐르는 뇌파가 있는 것처럼 우리의 주의집중 에너지 역시 본질적으로 '리드미컬'하다. 주기를 갖고 있다. 우리는 10분, 20분을 꼼짝 않고 같은 에너지로 집중할 수가 없다. 집중이 증가했다, 감소했다 하는 리듬을 갖고 있는데 이 주의집중의 자기 리듬이 다른 주기적 신호(내부의 신호든 외부의 신호든)와 동조하여 만들어내는 것이 박이다. 모든 생명체는 '생존'이라는 본능적 지향성을 갖는다. 우리는 지구상에서 살기 위해서 '낮밤의 주기'에 우리의 신체적 리듬을 동조하게 했다. 마찬가지로 우리의 주의집중 에너지를 외부의 시간적 신호에 동조하게 만들어 대응하는 것이 생존에 필요했을 것이다. 박에 맞추려는 행동의 목적, 기능은 다음과 같다.

1) 주의를 집중하여 미래에 대한 시간적 기대를 일으키는 것

2) 목표에 맞춰 나와 다른 사람의 행동을 조직하려는 것

　이렇게 만들어진 우리 마음속 박자적 주기성은 우리에게 미래의 사건에 대한 기대감을 형성하고 다음 타겟을 무엇으로 그리고 언제로 잡을지를 결정하는 데 결정적 역할을 한다. 그러므로 어떤 신호가 나의 기대감이 증가하는 피크타임과 맞아떨어지느냐 비껴 서 있느냐에 따라 다른 에너지가 전달된다.

　밀당은 예상하는 박의 위치에서 아주 약간의 밀림, 혹은 당김을 통해 우리의 주의집중 에너지를 모으는 방법이다. 그러므로 예상된 위치에 그대로 박이 오는 것과는 다른 느낌을 전달한다. 여기에 몸을 함께 움직이면 그 느낌은 더 강화된다. 혹은 몸의 동작을 연상하는 것만으로도 그 느낌은 더 강화될 수 있다. 밀당으로 인해 우리의 몸은 더 들썩거리고 심장은 더 쫀득거린다. 음악가들이 청중, 혹은 다른 연주자들과 박자를 공유하면서도 그 속에서 타이밍상의 밀당을 즐기는 것은 '하나가 되고 싶어서'다. 그러므로 밀당을 하는 이유는 그 사람과 더 친해지고 싶어서다.

　박자와 밀당뿐만이 아니다. 우리는 앞에서 시간을 공유하며 노는 다양한 다른 전략들을 보았다. 아프리카의 많은 음악들은 합성된 박으로 만들어진 '크로스 리듬'이라는 방식으로 타인과 음악적 시간을 공유한다. 그들은 분박의 차원에서 규칙성을 공유하면서 박 단위보다 더 긴 단위에서의 시간적 목표점을 갖고 움직인다. 또 춤음악에서 박은 밀림과 당김이 몸의 움직임에 직접적으로 연결되어 있어서 고무줄처럼 유연성이 큰 '박'을 공유한다. 비엔나 왈츠의 그루브, 브라질리언 삼바의 그루브가 그런 박이다. 뭐니 뭐니 해도 강렬한 비트는 사람들을 가장 확실하게 가장 본능적으로 빠져들게 만든다. 그리고 이것은 K팝을 비롯한 많은 댄스음악들이 채택한 '불멸의 공식'이다. 그러나 그 단순한 4박자를 경멸하고 그로부터 해방되고 싶어 했던 진지한 작곡가들의 노력 역시 지구상의 어딘가에서는 이어져왔다.

이 모든 시간적 전략들을 훈련받은 음악가들은 다가올 시간의 변화를 빠르게 예측하여 자신을 융통성 있게 적응시킬 수 있는 사람들이다. 그것은 다른 사람의 마음과 의도를 빨리 파악하고 이에 대처할 수 있도록 하는 능력과 거의 반자동적으로 연결되어 있다.

이러한 시간적 전략들로부터 음악가는 비언어적 감정의 긴장과 이완을 만들어내는 기술을 익힌다. 이 업다운의 정체가 감정인지, 분위기인지, 에너지인지 여전히 불분명하지만, 확실한 것은 사람들이 이 정체불명의 심리적 덩어리의 주고받기를 상당히 즐긴다는 점이다. 그것은 마치 원숭이들의 털 고르기와 같은 그루밍 효과를 낳는 것 같다. 음악이 정서적으로 치료 효과를 갖는 이유는 이 감정적 그루밍 효과가 탁월해서다. 이 감정의 덩어리의 시간적 움직임을 청중에게 잘 따라오게 만들어내는 사람, 그 사람이 바로 음악가다. 그러므로 나는 '리듬감이 뛰어난 음악가'란 다음의 두 가지 능력을 갖춘 사람이라고 생각한다.

　첫째, 음악이 전개될 시간적 구조를 예측하고 거기에 내 행동을 조절할 수 있는 능력을 갖춘 사람

　둘째, 상대방의 의도를 파악하고 감정적 목표를 향해 다른 사람들의 감정을 시간적으로 잘 이끌어내는 사람

　두 명의 피아니스트에게 각각 자신이 연주한 연주에 맞춰 듀엣을 하는 것과 다른 피아니스트에 맞춰 듀엣을 하는 것 중 어느 것을 더 잘하는지 실험해보았다.[29] 예상대로 자기 자신과의 듀엣이 훨씬 더 잘 맞는다고 느꼈고 또 실제 음향적 결과도 그랬다. 그런데 왜 그런가가 중요하다. 왜 우리는 나 자신과 호흡을 더 잘 맞출까? 더 잘 예상할 수 있기 때문이다. 음악가들의 경우 청각적 자극과의 가상행동에서, 무용가들의 경우 시간적 움직임과의 가상행동에서 다음 행동을 예측하여 거기에 맞추는 뛰어난 능력을 갖고 있다. 시간을 다루는 예술가들은 다른 사람의 의도와 감정적 상태를 정확히 파악하고 그 사람의 다음 행동을 예측하는 것, 그리고 그것을 바탕으로 최고의 합을 이끌어내는 과정을 반복적으로 훈련한다. 그러므로 오랫동안 호흡을 맞춘 연주자들의 앙상블은 두 말할 필요가 없다.

　음악 연주에서 연주자들이 시간을 공유하고 서로 상호작용을 하는 과정에서 박이 중요한 역할을 하는 것은 사실이지만 연주자들이 그것에만 의지하고 있지는 않다. 상대방 연주자의

몸의 움직임도 연주자들에게는 다음 행동을 예측하는 데 매우 중요한 사인으로 작용한다. 이것은 마치 우리가 대화할 때 보이는 여러 가지 부차적인 행동들(고개를 끄덕인다든가 어깨를 위로 올린다든가, 혹은 얼굴 표정 등)이 타인의 마음을 읽고 내가 말할 적절한 타이밍을 예측하는 데 중요한 역할을 하는 것과 비슷하다. 특히 연주자들은 상대방 연주자의 상체의 움직임을 통해 청각적으로 불충분할 수 있는 정보의 빈 공간을 메꾸어 정확도를 높이는 것으로 알려져 있다.[30]

다들 이와 비슷한 경험이 있을 것이다. 친구들과 기타를 치면서 노래 부를 때, 기타 치는 친구가 코드를 빨리빨리 잡지 못하고 더듬거리면 노래 부르는 친구들은 어떻게 박자를 맞추는가? 기타를 치는 친구의 팔의 움직임이 중요한 큐 싸인이 된다.

청중들 역시 연주하는 모습을 보면서 연주자들의 마음과 의도를 추측한다. 멘델스존의 8중주를 연주하는 이 앙상블의 연주를 들어보라.[31]

소리를 끄고 영상만 보더라도 누가 이 그룹의 리더인지 우리는 짐작할 수 있다. 그리고 소리를 켜고 들어보면, 그 음악이 구체적으로 어떻게 구성되었는지, 작곡기법이 뭔지 그런 건 몰라도 이들이 나누는 대화의 의도를 이해할 수 있을 것만 같다. 어떤 흐름에서는 바이올린이 치고 나가지만, 어떤 흐름에서는 다른 악기를 배려하고 받아준다. 다 같이, 혹은 몇몇 그룹이 감정을 끊고 새로운 감정으로 들어가는 방법도 보여준다. 서로 다른 감정의 그룹들이 얽히고 설키다가 어떻게 풀어지는지도 확인할 수 있다. 특히 29분 30초경부터 연주자들이 음악적 긴장을 한 단계식 끌어올리는 것을 표정으로 느낄 수 있다. 나 자신이, 음악을 그저 듣고만(혹은 보고) 있는 내가 이 모든 과정을 따라갈 수 있고 같은 마음인 것처럼 느껴지는 게 새삼 놀랍지 않은가.

유전자의 의도란 다른 개체가 나를 믿고 나를 위해 일하게 하는 일이다. 인류가 말을 만들어낸 이유 중 하나가 그저 정보를 공유하기 위함이 아니라 서로 편을 먹고 보이지 않는 것을 믿게 하는 것이라는 유발 하라리의 주장이 사실이라면, 말이 아닌 다른 방식으로 타인을 설득하는, 가장 원초적인 침팬지나 원숭이의 그루밍처럼, 밑도 끝도 없이 '날 사랑해 줘'라는 요구에 특화된 것이 음악이다.

그런 점에서 음악은 굉장히 효과적인 '설득의 기술'이다.

책을 마감하며

　　음악가들은 정박을 연주하지 않는다. 음악적 시간은 결코 정확하게 흐르지 않는다. 그런데 음악가들이 정박을 연주하지 않는다는 것은 아무렇게나 연주한다는 의미는 아니다. 그것이 가능하기 위해서는 음악가들과 청중 사이에 공유된 시간이 필요하다. 그 위에서 연주자들이 그야말로 '박자를 가지고 노는 것'이다. 그 노는 방식은 장르에 따라, 시대에 따라 다르다. 그들은 그 노는 방식을 훈련을 통해 배운다. 청중 역시 문화적으로 훈련이 많이 되어 있을수록 연주자들의 노는 방식을 충분히 즐길 수 있다.

　　이 '박자를 가지고 노는 행위'의 기저에는 음악가들과 청중이 공유하고 있는 시간, '함께 느끼는 박'이 있다. 박을 함께 느끼는 것은 진화를 거치며 인간의 본능이 되었다. 이 본능이 진화의 과정에서 음악이라는 새로운 문화적 인공물에 흡수되었고 각 지역의 문화가 형성되는 과정에서 저마다 다양한 '박을 갖고 노는' 방식을 만들어갔다.

　　이 책의 제목에 '밀당'이 들어간 이유는 우리가 음악의 박을 갖고 노는 방식이 현실 연애에서 느끼는 느낌과 매우 유사하다고 생각했기 때문이다. 박을 정직하고 충실하게 짚어주는 음악은 내 심장을 거기에 동조해 같이 뛰게 하기 때문에 좋다. 또 살짝 살짝 비껴가는 소리에는 내 기대를 조금씩 비껴가는 안타까움에 애간장이 녹는다. 우리가 느끼는 박의 동조는 단지 본능에 충실한 현상이라기보다는 문화적이면서도 주관적인 심리현상이다. 주관적이라고 하는 이유는 이것이 몇 밀리세컨드 이하 차이면 사람들의 애간장을 태우는지를 정할 수 있는 것이 아니라 내가 이 비껴감을 즐길 마음의 준비가 되어 있느냐가 더 중요한 요소이기 때문이다. 음악이 그 자체로 매력덩어리이긴 하지만 그 매력이 나에게 의미가 있어야 매력이 된다는 뜻이다.

박은 음악의 속성이 아니다. 음악을 듣고 우리 마음의 주의집중의 리듬이 거기에 조우해서 만들어낸 심리적 현상이다. 만약 우리 마음이 음악에 동하지 않는다면, 혹은 동할 줄 모른다면 박은 생기지 않는다.

'동조현상'은 음악연주에서 다양한 차원으로 나타난다. 가장 기초가 되는 것이 박에 맞춰 음악을 함께 연주하거나 몸을 움직이며 반응하는 것이다. 그 외에도 우리 신체의 내장기관들이 음악의 속도에 변화하는 템포적 동조도 있고, 함께하고 싶은 마음이 일어나는 감정적 동조(여러 사람들이 함께할 때 더 강화된다)도 있다. 동조는 리듬의 일치 현상이기 때문에 기본적으로는 '시간적 동조'이지만 인간에게 말이나 춤, 동작, 음악 등에서 일어나는 시간적 동조는 '감정적 동조'를 동반하는 경우가 많다. 왜 우리는 같은 시간에 함께 행동하면 감정적 공동체 의식을 갖게 될까? 이 현상이 어떤 기제에 의해 어떤 경로로 일어나는지에 대해서 아직 정확히는 모른다. 도파민과 같은 신경전달물질이 어떤 역할을 한다는 것, 그리고 리듬 동조가 감정 동조로 이어지는 신경적 경로에 대한 몇 가지 가설 정도를 알고 있을 뿐이다. 모두가 하나된 것 같은 종교적 체험, 대중음악 콘서트장에서 박에 맞춰 뛰다 보면 느끼는 희열, 기가 막힌 연주를 보고 난 뒤 느껴지는 관객과 연주자 간의 일체감, 이 모두가 같은 상태라고 말할 수는 없을지 몰라도 이 현상을 만들어냄에 있어서 음악만큼 빠르고 직접적이며 강력한 힘을 갖고 있는 것은 없다는 것을 부정하기 어렵다. 지구상의 모든 종족의 문화에서 음악이 갖는 공통된 기능이 바로 그것이다.

그러나 다같이 박자 맞추는 능력은 우리에게 유대감 강화와 사회적 협력이라는 달콤함을 가져다주기도 하지만 개인적 자유라는 가치와 정면충돌하기도 한다. 아인슈타인은 군대 행진곡에 맞춰서 행진하는 인간들을 경멸하며, "그들에게 커다란 뇌가 주어진 것은 실수다. 척수만으로도 충분했을 것"이라고 말한 바 있다. 그는 '어떤 사람이 행진곡에 맞춰 4열 종대로 행진하는 것을 보고 즐거워한다면 나는 그것만으로 그를 여지없이 경멸할 것'이라고 말할 정도로 군대와 의무복무제 등을 혐오하며 평화를 주창했다.

가끔 음악은 사람의 이성을 마비시킬 때가 있다. 그만큼 본능에 대한 호소력이 강하다. 그래서 현실에 대한 비판적 사고를 쉽게 무력화시키기도 한다. 그래서인지 역사적으로 전체주의자들은 음악을 잘 이용해왔다. 나치가 대표적이다. 아인슈타인의 생각은 그러한 맥락 위에 있다.

박자를 함께 맞추는 일이 상대방과의 낯선 두려움을 없애고 유대감을 강화시킨다는 실험이 몇 차례 증명되었다는 사실로부터 박자에 맞춰 행동함이 '하나된 감정의 발생', '음악적 감동의 끓어오름'에 결정적 기여를 하고 있다라는 식으로 과장될 수는 없다. 리듬과 박자에 관한 책을 쓰고 있다는 이유로 음악적 감동을 일으키는 원인 중에서 리듬과 박자가 차지하고 있는 지분을 사실보다 과장할 생각은 없다. 아마도 이 현상은 어마어마하게 다양한 배경변수들이 복합적으로 작용하여 발생하는 것일 터이기 때문이다.

결국 우리는 이 복합적 현상의 실타래를 하나씩 풀어갈 수밖에 없을 것이다. 다만 우리가 박자를 즐길 수 있다는 것이 이 현상을 설명함에 있어 어느 정도의 지분을 갖고 있기에 어떤 방식으로 이 효과에 기여하고 있는지를 현재까지 내가 알고 있는 바만큼 설명하려고 했다.

부족한 점이 있을지 모르겠다. 또 동의할 수 없는 부분이 있을지도 모르겠다. 이에 대한 비판과 반론을 기다린다. 거기에서 다시 새로운 논의를 시작했으면 좋겠다. 음악에서 받는 위안과 감동은 뛰어난 작곡가들의 창의적 작업으로부터 비롯된 것이라는 생각에 오랫동안 사로잡혀 있었다. 그리고 그 창조적 작업은 작곡가들의 영감과 직관, 통찰 같은 평범치 않은 인지적 과정과, 역시 평범치 않은 삶의 여정을 살아낸 그들의 깊은 고뇌의 산물일 것이라는 막연한 기대를 갖고 작품들을 분석하고 작곡가들을 이해하려고 했다. 그런데 음악을 '소리를 통한 사람 간 상호작용의 한 형식'으로 보려는 이 책의 시도는 이러한 관점과는 사뭇 차이가 있다. 엄마와 아기 사이의 리듬의 공유는 베토벤의 교향곡 만큼이나 벅차고 흥분되는 사건이다. "안 나오면 쳐들어간다 쿵짜짜 쿵짝"을 부르며 숫기없는 친구의 장기자랑을 기다리는 중학교 교실에서의 설렘과 기쁨은 임윤찬의 피아노 연주를 기다리는 청중들의 설레임과 크게 다르지 않다. 나는 박자에 대한 연구를 거듭할수록 '순간적으로 서로를 느끼고 확인하고 확인받는 과정'이 음악의 본질에 더 가깝다는 생각을 하게 되었다. 그리고 그것이 언제 어디서나 음악을 들을 수 있는 스트리밍의 시대에도 기어이 함께 음악을 즐길 수 있는 콘서트장으로 가게 만드는 힘이 아닐까 생각한다.

사람과 사람 사이의 상호작용의 관점에서 '음악'이라는 현상을 바라보게 되면 보이게 되는 것들, 그에 대한 풍성한 논의가 이 책에 대한 비판으로부터 시작된다면 더할 나위 없겠다.

박자와 리듬, 어떻게 구별하나

I 음악에서의 박(beat)을 펄스(pulse)라고도 한다. 펄스는 생리적 현상이나 전자기적 현상 등 광범위한 영역에서 일어나는 규칙적인 진동을 이르는 용어로, 우리말로는 '맥박'이라고 번역되기도 한다. 종종 음악에서 느껴지는 박도 넓은 의미에서 '펄스'라고 지칭할 수 있다. 그러나 '음악적 문맥에서 느껴지는 규칙적 진동'은 박이라고 표현하는 것이 일반적이다.

박은 마음이 만들어낸 기술

I 〈소머즈〉는 1976년 미국에서 인기리에 방연된 TV 드라마(주연: 린제이 와그너)로 사고로 두 다리와 한쪽 팔, 한쪽 귀를 잃은 여주인공이 최첨단 생체공학의 인공 신체기관을 수술받아 초능력적인 힘과 능력을 얻어 지구를 지키는 이야기다. 우리나라에서도 방영되어 큰 인기를 얻었다. 마찬가지로 두 다리와 한쪽 팔, 한쪽 눈을 수술받은 남성 〈6백만 불의 사나이〉도 있었는데 소머즈와 연인이라는 설정이었다. 소머즈는 아주 멀리서 속삭이는 소리도 들을 수 있다. 그래서 '소머즈의 귀'는 인간의 한계를 뛰어넘는 청력을 가졌다는 의미로 사용되었다.

2 Bispham, J. C. (2003). An evolutionary perspective on the human skill of interpersonal musical entrainment. submitted in partial recognition of MPhil in Musicology. University of Cambridge, Faculty of Music.

3 Fraisse, P. (1984). Perception and estimation of time. Annual Review of Psy-

chology, 35, 1 – 36. https://doi.org/10.1146/annurev.ps.35.020184.000245.

4 Gerstner, Geoffrey E. & Fazio, Victoria A.(1995) Evidence of a Universal Perceptual Unit in Mammals, Ethology, 101, pp.89-100.

5 Jones, M. R. (2019). Time will tell: A theory of dynamic attending. Oxford: Oxford University Press., Large E. W. & M. R. Jones (1999). "The dynamics of atending: how we track time-varying events." Psychol. Rev. 106, pp.19-159.

6 Large and Jones (1999), fig. 12B, p.134, London, J. (2004) Hearing in time: Psychological aspects of musical meter. Oxford University Press. 20쪽에서 재인용.

7 London, J. (2004), 같은 책, 27-30쪽.

8 Buhusi, C. V. and Meck, W. H.(2004). What makes us tick?: Functional and neural mechanisms of interval timing. Nature: Reviews | NEUROSCI-ENCE 6. pp.755-765.

9 에미넴의 원곡 〈lose yourself〉를 국악가수 최예 림이 우리말로 편곡하여 불러 화제가 된 바 있다. 에미넴의 원곡 〈lose yourself〉 ⊙ /풍류대장, 최예 림, 〈lose yourself〉 ⊙ 

10 래퍼 래원에게 니체의 책을 랩으로 해보라는 동영상 ⊙

11 https://www.youtube.com/watch?v=54h18K9CNZQ 김선욱 피아니스트의 연주가 마치 네커 정육면체 같은 이 곡 의 이중성을 매우 잘 드러내고 있다. 이 곡에 관한 탁월한 해 석 중 하나! ⊙ 

12 사람들이 박자를 이렇게 듣는다는 가설을 '박절적 묶임 가 설(metric binding hypothesis)'이라고 한다. Jones, Mari Ries(2008). "Musical Time." Oxford Handbok of Music Psychology, edited by Susan Halam, Ian Cros & Michael Thaut. Oxford: Oxford University Press., pp.125-141.

13 Vuust, P. et al. (2005). To musicians, the message is in the meter: pre-atten-tive neuronal responses to incongruent rhythm are left-lateralized in musi-cians. Neuroimage 24. pp.560-564.

14 Sowiński J. Dalla Bella S. (2013). Poor synchronization to the beat may result from deficient auditory-motor mapping. Neuropsychologia 51(10). pp.1952-1963.

15 Phillips-Silver J. Toiviainen P., Gosselin H., Piché O., Nozaradan S., et al.

(2011). Born to dance but beat deaf: a new form of congenital amusia. Neuropsychologia 49. pp.961-969.

16 Phillips-Silver J. 외(2011)의 위 논문, 967쪽.

17 이희경(2015).《메트로폴리스의 소리들》. 휴머니스트.

18 M.M.(혹은 MM)=Mälzel's Metronome의 약자. 메트로놈의 속도를 말함.

19 Bosseur, Jean-Yves (민은기 옮김, 2010).《음악기보법의 역사》이앤비플러스. 94쪽.

20 Harnoncourt, Nikolaus(1984). Le Discours musical. (Gallimard, 1984). p.196., Bosseur, Jean-Yves (민은기 옮김, 2010),《음악기보법의 역사》, 114쪽에서 재인용.

21 Parncutt, R., 1994. A perceptual model of pulse salience and metrical accent in musical rhythms. Music Perception 11(4). pp.409-464.

22 영국의 DML(Digital Music Lab)이라는 연구소에서 진행되었다. DML은 음악 빅데이터의 연구 방법과 분석을 위한 소프트웨어 개발을 위해 설립된 곳이다. 전 세계 음반의 빅데이터로부터 템포를 평균화하였다(Cottrell, S. (2018), Big music data, musicology, and the study of recorded music: three case studies, The Musical Qarterly, Volume 101, Issue 2-3, Summer-Fall 2018, pp.216~243, https://doi.org/10.1093/musqtl/gdy013).

동조 : 외부의 리듬과 상호작용하는 자연의 원리

1 Strogatz, Steven. 2005. SYNC : How order emerges from chaos in the in the universe, nature and daily life, Hyperion, reprint edition.(절판)

2 한스 베르거가 1920년대에 EEG로 뇌파를 측정했더니, 크게 네 가지 유형으로 나타났다. 이것을 델타(1-4Hz), 세타(4-8Hz), 알파(8-12Hz), 베타(14-30Hz)로 나누었다. 델타파는 꿈을 꾸지 않는 깊은 수면 상태에서, 세타파는 특정 수면 상태에서, 낮은 주파수인 베타는 바쁘고 깨어 있는 상태에서, 알파파는 쉬고 있거나 집중하지 않고 있는 상태에서 많이 나온다고 한다(WIKIPEDIA, 'brain wave').

3 최근의 정교한 실험에서 사람의 호르몬 농도와 체온 등을 체계적으로 측정함으로써 사람의 생체주기가 평균 24시간 11분 정도임이 밝혀졌다고 한다. 지구의 자전 주기와 거의 일치하는 주기다(김범준,《관계의 과학》, 동아시아, 2019, 28쪽).

4   자세한 것은 이 책의 19장 참조.

5   동조(entrainment)와 동시화(synchronization)라는 용어는 거의 같은 의미
     를 갖는 것으로 구별없이 사용되는 경우도 있다 하지만 동조는 '아기 때부
     터 발생하여 나이가 들면 서서히 퇴화하는 자연발생적 행위 맞춤 능력', 동
     시화는 '의도적으로 행위를 조절하여 특정 시점에 행동을 정확하게 맞추
     려는 자기동기화된 행위 맞춤 능력'으로 두 용어를 구분하여 사용하는 학
     자들도 있다(두 용어를 구분하여 사용하는 논문: Rose, D., Delevoye-Turrell, Y.,
     Ott, L., Annett, L. E., and Lovatt, P. J. (2019). Music and Metronomes differen-
     tially impact motor timing in people with and without parkinson's disease.
     Hindawi Parkinson's Disease, Vol. 2019, Article ID 6530838. https://doi.
     org/10.1155/2019/6530838).

6   인도의 라가 음악 ▷

7   탄푸라의 소리를 들어보고 싶은 분은 여기를 보
     라. ▷

8   Krumhansl, Carol L.(1997). An Exploratory Study of Musical Emotion and
     Psychophysiology, Canadian J. Exp. Psychol. 51, pp.336-352.

9   Gomez P, Danuser B. (2007). Relationships between musical structure and
     psychophysiological measures of emotion. Emotion. 7 (2): pp.377-87. doi:
     10.1037/1528-3542.7.2.377. PMID: 17516815.

10   Müller V, Lindenberger U. (2011). Cardiac and respiratory patterns syn-
     chronize between persons during choir singing. PLoS One. 6 (9): e24893.
     doi: 10.1371/journal.pone.0024893. Epub 2011 Sep 21. PMID: 21957466;
     PMCID: PMC3177845.

11   사회적 상호작용과 음악적(시간적) 동조 간의 연관성을 '그루브 감'이라는
     개념으로 묶어서 이해하려고 노력한 연구가 있었다. Doffman, M. R.(2008),
     Feeling the groove: shared time and its meanings for three jazz trios. The
     Open Univ. Diss. 2008.

12   Jordania, J.(2011). Why do people sing? Music in human evolution. Logos.

13   Phillips-Silver, J. and Keller, P. E. (2012). Searching for roots of entrain-
     ment and joint action in early musical interactions. Frontiers in Human
     Neuroscience. 6/26. pp.1-11.

14   내이에 존재하는 달팽이관을 이루고 있는 3개의 방 가운데 하나로 평형감
     각을 감지하는 기능을 담당한다

15   대뇌의 아랫부분, 귀 바로 위쪽에 위치하고 있는데, 정서 혹은 감정에 관여

한다고 알려져 있다

16 Todd, Neil P. M. & Lee, C. (2015). "The sensory-motor theory of rhythm and beat induction 20 years on: a new synthesis and future perspectives" Ront, Hum. Neurosci. 9(444), http://dx.doi.org/10.3389/fnhum.2015.00444.

17 Juslin, Patrik N., Liljestrom S. , Vastfjall, D., & Lundqvis, L (2010). "How does music evoke emotions? Exploring the underlying mechanism" in: Juslin, P. Sloboda, J. (Eds.), Handbook of music and emotions: Theory, research, application, Oxford University Press, New York, NY, 2010, pp.605-642, p.621.

18 Salimpoor, V. N., Benovoy. M., Larcher, K., Dagher, A., & Zatorre, R. J. (2011). "Anatonmically distinct dopamine release during anticipation and experience of peak emotion to music" Nature Neuroscience, DOI: 10.1038/nn.2726

춤추는 동물은 없다

1 Patel, A.D., Iversen, J. R., Bregman, M. R., & Schulz, I.(2009) Experimental evidence for synchronization to a musical beat in a nonhuman animal. Curr Biol.19(10).

2 Patel, A. D. (2008). Music, Language, and the brain. Oxford University Press.

3 바다사자 영상 ▶

4 Porter, D. & Neuringer, A.(1984). Music discriminations by pigeons. Journal of Experimental Psychology: Animal Behavior Processes, 10(2), 138 – 148.

5 Greenfield, Michael D. (1994). Cooperation and conflict in the evolution of signal interactions. Annual Review of Ecological Systems 25, pp.97-126.

6 Fitch, W. T.(2013), Rhythmic cognition in humans and animals: distinguishing meter and pulse perception. Front. Syst. Neurosci.7/68.

7 긴팔원숭이(Gibbons)의 이중창 ▶

8 스티븐 미슨(2008).《노래하는 네안데르탈인》, 뿌리와이파리, 165쪽.

9 Hattori, Y., Tomonaga, M., and Matsuzawa, T.(2015). Distractor effect of

auditory rhythms on self-paced tapping in chimpanzees and humans. PLOS ONE. https://doi.org/10.1371/journal.pone.0130682

10 Repp, B. H.(2005). Sensorimotor synchronizaion: a review of the tapping literature. Psychonom. Bull. Rev. 12, pp.969-992.

11 Zarco, W., Merchant, H., Prado, L., and Mendez, J. C. (2009). Subsecond timing in primates: comparison of interval production between human subjects and rhesus monkeys. J. Neurophysiol. 102, pp.3191-3202.

12 Selezneva, E., Deike, S., Knyazeva, S., Scheich, H., Brechmann, A., and Brosch, M. (2013). Rhythm sensitivity in macaque monkeys. Front. Syst. Neurosci. 7:49.

13 이것을 "점진적 청각-운동감각의 연결 진화가설(the gradual audiomotor evolution hypothesis)"이라고 부른다. Merchant, H. and Honing, H. (2014). Are non-human primates capable of rhythmic entrainment? Evidence for the gradual audiomotor evolution hypothesis. Frontiers in neuroschience, 7/274.

14 스티븐 미슨(2008), 《노래하는 네안데르탈인》, 김영준 역. 뿌리와이파리. Steven Mithen(2005). The Singing Neanderthals.

15 Reynolds V, Reynolds F (1965). Chimpanzees of the Budongo forest. In Primate Behaviour (DeVore I, ed.), pp 368~424. New York, Holt, Rinehart & Winston.

16 동물을 대상으로 한 많은 연구가 있었던 것은 아니지만, 동물과의 비교 연구에서도 규칙적 박에 대한 관심을 보이는 동물은 아직 발견되지 않았다. 쥐를 대상으로 한 실험에서 주기적 자극이 산발적인 자극보다 더 그들의 관심을 끌지는 못했다(Prior, H[2002]. Effects of predictable and unpredictable intermittent noise on spatial ability in rats. Behavioral Brain Research 133. pp.117-124.).

17 Zentner, Marcel and Eerola, Tuomas. (2010). Rhythmic engagement with music in infancy. PNAS Early Edition, pp.1-6. www.pnas.org/cgi/doi/10.1073/pnas.1000121107

18 Drake C., Jones M. R., Baruch, C. (2000). The development of rhythmic attending in auditory sequences: attunement, referent period, focal attending. Cognition 77 pp.251-288. 10.1016/S0010-0277(00)00106-2 그리고, Zentner and Eerola(2010) 위의 논문 참조.

19 van Noorden L., De Bruyn L. (2009). "The development of synchronization skills of children 3 to 11 years old," in Proceedings of ESCOM - 7th Tri-

ennial Conference of the European Society for the Cognitive Sciences of Music ed. Toiviainen P., Jyväskylä pp.466 – 472.

20   Styns, F., van Noorden, L., Moelants, D., & Leman, M. (2007). Walking on music. Hum. Mov. Sci. 26(5): pp.769-85.

21   Iversen, J. R. (2016). "In the beginning was the beat: Evolutionary origins of musical rhythm in humans," in The Cambridge Companion to Percussion, ed R.Hartenberger (Cambridge: Cambridge University Press). doi: 10.1017/CBO9781316145074.022

22   런던 밀레니엄 다리가 붕괴될 뻔했던 사건. 런던 밀레니엄 다리는 2000년을 기념하여 최신식 설계로 기둥없이 길게 만들어졌다. 다리가 개통된 날, 사람들이 하나씩 둘씩 모이면서 사람들의 발걸음이 무의식 중에 같은 박자를 타게 되었다. 이 리듬이 다리의 자연적인 리듬과 일치되면서 다리는 심하게 흔들리면서 뒤틀리기 시작했다. 이에 깜짝 놀란 당국이 다리를 긴급 폐쇄한 사건이다. 이 사건은 동조현상의 대표적인 사례로 자주 언급된다.

23   Franěk, Marek, Noorden, Leon van, and Rezny, Lucas., (2014). Tempo and walking speed with music in the urban context. Frontiers in Psychology 5(1361): pp.1-12.

24   Agata Zelechowska. (2020). Irresistible Movement: The Role of Musical Sound, Individual Differences and Listening Context in Movement Responses to Music. Doctoral dissertation at the Department of Musicology, UIO.

25   Kirschner, S., & Tomasello, M. (2009). Joint drumming: Social context facilitates synchronization in preschool children. Journal of Experimental Child Psychology, 102, pp.299-314.

26   Cirelli, L., Einarson, K. M., Lade, S., and Trainor, L. J. (2013). Interpersonal motor synchrony to a musical beat as a cue for social cohesion during infancy. Conference Abstract: 14th Rhythm Production and Perception Workshop Birmingham 11th – 13th September 2013. doi: 10.3389/conf.fnhum.2013.214.00018

27   Wiltermuth, S. S., & Heath, C. (2009). Synchrony and cooperation. Psychological Science, 20, 1 – 5. http://dx.doi.org/10.1111/j.1467-9280.2008.02253

박자, 본능에서 문화로

1 Brochard, R., D. Abecasis, D. Potter, R. Ragot, and C. Drake (2003). The "ticktock" of our internal clock: Direct brain evidence of subjective accents in isochronous sequences. Psychological Science 14 (4): pp.362-366.

2 Tonya R. Bergeson and Sandra E. Trehub (2005). Infants' perception of rhythmic patterns. Music Perception 23 (4): pp.345-360.

3 2박자계(2/4, 2/8, 4/4, 4/8, 6/8, 12/8 등), 3박자계(3/4, 3/8, 9/4, 9/8 등)와 그 밖의 박자(5/4, 7/8 등)으로 구분했을 때 그러하다. Huron, D.(2006). Sweet anticipation: music and the psychology of expectation, The MIT Press, p.195.

4 Hannon, E. E., and Trehub, S. E. (2005a). Metrical categories in infancy and adulthood. Psychol. Sci. 16, pp.48－55. doi: 10.1111/j.0956-7976.2005.00779.x Hannon, E. E., and Trehub, S. E. (2005b). Tuning in to musical rhythms: infants

learn more readily than adults. Proc. Natl. Acad. Sci. USA. 102, pp.12639－12643.

doi: 10.1073/pnas.0504254102

5 '3분박'이라고 하는 사람들도 있다. 그러나 국악학계에서는 박보다 하위 층위의 분할박을 지칭할 때 '3소박'이라는 용어를 사용한다. 우리나라 장단의 박의 층위는 하위→상위박 순서로 볼 때 '...소소박-소박-여느박-대박-대대박...'으로 체계화되어 있다. 따라서 이 책도 이 개념을 따른다.

6 장사훈(1985).《최신 국악총론》. 서울: 세광음악출판사., 120쪽.

7 2개의 연주를 측정했다. 하나는 1995년 'KBS 자료 한국음악 서울 재숫굿'의 녹음 음반에 나오는 '신장타령'이고, 다른 하나는 2014년 8월16일 필자가 현장에서 직접 녹음한 서울굿 신장 타령이다. 전자의 연주는 무당 박종복, 김상설, 주복희, 피리 김순봉, 대금 김점석, 해금 허용업이, 후자의 연주는 무당 김춘강, 피리 김찬섭, 해금 이한복, 대금 한영서, 장구 남훈이엄마가 담당했다. 모두 명인급 연주자들이다. 첫 번째 자료의 평균 템포는 ♩.= 44.772이고 두 번째 자료의 평균템포는 ♩.= 43.846였다. (이미경, 송현주 (2015). "서울굿 중 '신장타령'의 타이밍에 대한 미시적 분석"〈음악교육공학〉 25, pp.37-56.)

8 대표적으로 1세대 국악이론학자인 이혜구 선생이 "...진양조를 제외하고, 중모리 중중모리에서는 (1) 삼박자가 지배적이고, 이 3박자에 창사(唱詞) 두자 혹은 석자가 붙고 넉자는 극히 드무니..." 라고 하면서 "(3) 3박자 1소절이

네 개 모여서 일구(一句)를 이룬다"라고 하였다. 즉 그는 굿거리의 '덩~기덕'을 1박으로 보지 않고 3박으로 보았다.(이혜구 (1961). 음악과 시가의 운율, 국어국문학 23호, 143-145쪽.)

9   우리나라 장단의 체계와 내재적 구성원리의 확립은 여러 학자들의 노력에 의해 이루어졌다. 그 중에서도 특히 이보형의 연구결과는 탁월한 기여를 하였다. 그는 말의 리듬으로부터 장단이 나왔을 것이라는 가정에서 출발하여 방대한 민속악 자료를 바탕으로 말붙임새와 타악기의 리듬과의 관계를 통해 장단의 내적 구조와 박자의 층위에 대한 이론을 정립하였다. '3소박 4박장단'이라는 용어도 그의 이론에 따른 것이다. 대표적으로 이보형(2007). '전통음악의 리듬분석 방법론'. 정신문화연구 20권 1호. 77-120을 참고하기 바란다. 이보형선생이 이혜구선생의 장단론을 비판한 내용은 이보형(2006). '박, 박자, 장단의 층위와 변이 유형'. 한국음악연구 40집. 209쪽 참고.

10   임재원 (2004). 한국 전통 음악의 3분박구조, 한국학 논집 31, 64쪽.

11   이용식(2011), 한국음악의 2박·3박/5박·8박, 〈比較民俗學〉 44집.

12   장사훈(1976),《國樂總論》, 정음사, 22쪽.

13   John R. Iversen, Aniruddh D. Patel, & Kengo Ohgushi. Perception of rhythmic grouping depends on auditory experience. J. Acoust. Soc. Am. 124(4). pp.2263-2271.

14   이보형, 한국 민속음악장단의 대강박, 박, 분박에 대한 전통기보론적 고찰, 국악원논문집 제4집(서울: 국립국악원, 1992), 24-30. 이보형(1997). '전통음악의 리듬분석 방법론'. 정신문화연구 20권 1호. 77-120쪽.

15   Cottrell, 2018. 이미경 (2019) 디지털데이터를 통한 음악연구의 가능성. 음악과문화 41., 79-102쪽에서 재인용.

16   황병기(1983). 음악적 시간과 리듬.『이화음악』제9집, 23-31. 임재원 (2004). 앞의 글 63쪽.

17   노동은 (2002),《한국음악론》, 한국학술정보, 29쪽.

18   김동원 (2013), 〈풍물굿 장단 분석법 연구 −음양대비형 장단을 중심으로〉 목원대 석사학위논문. 31-32쪽.

19   DeFord, R.(2015). Tactus, Mensuration, and Rhythm in Renaissance Music. Cambridge Univ., p.56.

20   탁투스는 'tactus=만짐, 접촉'이라는 뜻을 갖고 있다.

21   Winzenburger, W. P. (1972). Meter and tempo indications in music of the early baroque. p.13.

22   살베토레 니콜로시(2002).《16세기 고전순수대위법》. 김용교 옮김. 음악세계.

23   DeFord R.(2015) 위의 책, p.180.

24   살바토레 니콜로시(2002), 위의 책, 101쪽.

25   Winzenburger, W. P. (1972). op.cit. p.13.

26   Winzenburger, W. P. (1972), p.14.

27   Barth, G. (1992). The pianist as orator: Beethoven and the transformation of keyboard style. Cornell Univ. Press.

28   Lerdahl and Jackendoff(1983)의 방법. London J.(2004). Hearing in time. Oxford Univ., p.80에서 재인용.

29   Zuckerkandl(1956)의 방법. London (2004). 같은 책. 81쪽에서 재인용.

30   이 기계의 신뢰도에 대한 자세한 내용은 다음 글을 참조 바람. Cook, N. (2016), Time and Time Again: On Hearing Reinecke, in: Suzannah Clark, Alexander Rehding (ed.), Music in time: Phenomenology, perception, performance, Harvard University Press. pp.3-31.

31   〈왕의 춤〉 영상 ▶

32   홍정수 (2000).《음악은이》. 음악춘추사. 275쪽.

33   Dahlhaus, C. (1961). Zur Entstehung des modernen Taktsystems im 17. Jahrhundert. Archiv für Musikwissenschaft, 18. Jahrg., H. 3./4. pp.223-240. https://doi.org/10.2307/930003

34   악보는 Boone, G. M.(2000). Marking mensural time. Music Theory Spectrum 22(1), pp.1-43. 그 가운데 16쪽에서 가져옴.

35   르네상스 대위법 작곡 규칙에 대해서는, 살바토레 니콜로시 위의 책, 54-58쪽 참조했음.

36   자세한 내용은 살바토레 니콜로시, 위의 책, 97쪽 참조.

37   'Notation' 항목, The New Grove Dictionary of Music and Musicians. Online.

38   〈하울의 움직이는 성〉 OST ▶

39   터키의 민속음악 악삭 ▶

40   〈터키풍의 블루론도〉 ▶

41   장인종(2019). 동해안 별신굿 장구 장단의 변주 유형. 〈한국음악연구〉 65. 한국국악학회. 219쪽.

42   초망자굿[招亡者—] (한국민족문화대백과, 한국학중앙연구원).

43   이용식(2011). 한국음악의 2박·3박 / 5박·8박. 〈비교민속학〉. 44. 65-91쪽.

44   폴리미터와 폴리리듬은 대개 많이 뒤섞여서 사용되고는 있지만, 엄밀하게 는 구별되는 개념이다. 폴리미터는 두 성부의 박의 길이는 같으나 묶음이

다르게 일어나는 경우를 말한다.

    A 성부 5박자 ① 2 3 4 5 ① 2 3 4 5
    B 성부 3박자 ① 2 3 ① 2 3 ① 2 3 ①

폴리리듬은 두 성부가 같은 박자 안에서 다른 길이의 리듬분할을 갖는 경
우를 말한다.

    A 성부 3박자 ①   2   3   ①   2   3
    B 성부 3박자 1 2 3 4 5 6 7 1 2 3 4 5 6 7

본문에서 소개하고 있는 아마딘다 음악의 경우, 두 연주자가 같은 길이의
박의 다른 묶음을 갖고 있다는 점에서는 폴리미터적이나 두 번째 연주자들
의 도입이 첫 번째 연주자의 박과 박 사이에 끼어들어가면서 폴리리듬적 효
과를 만들어내고 있다.

45   이희경(2004),《리게티, 횡단의 음악》예솔출판사. 264-267쪽.
46   찹쌀떡 장수의 목소리 ▶
47   존 케이지 〈4′ 33″〉 ▶

연주, 밀당의 기술

1   최희준 〈하숙생〉 ▶
2   최예근의 〈삐삐〉 ▶
3   배리 해리슨의 레슨 장면 ▶

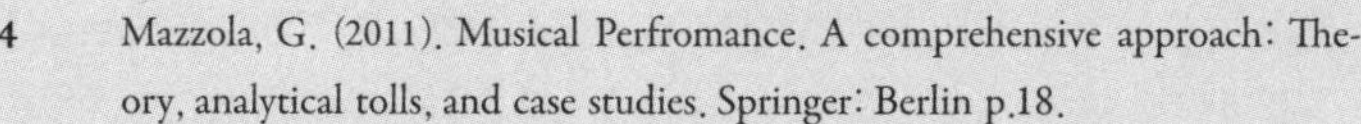

4   Mazzola, G. (2011). Musical Perfromance. A comprehensive approach: The-
ory, analytical tolls, and case studies. Springer: Berlin p.18.

5   Seashore, Carl A(1942). Artistic deviation as an esthetic principle in music.
The Scientific Monthly 54(2). pp.99-109.

6   Bengtsson, I. & Gabrielsson, A. (1980). Methods for analyzing performance
of musical rhythm. Scandinavian Journal of Psychology, 21(1). pp.257-268.

7   Alexis Hauser의 인터뷰 https://montrealgazette.com/entertainment/with-
viennese-waltzes-its-never-as-simple-as-one-two-three 에서 인용.

8   Repp, B. H.(1992) Diversity and commonality in music performance: an

analysis of timing mcrostructure in Schumann's "Träumerei", Haskins Laboratories Status Report on Speech Research, SR-1111112, pp.227-260.

9   Rector, M. (2020). Historical trends in expressive timing strategies: Chopin's Etude, Op.25 no.1. Empirical Musicology Review 15(3-4). pp.176-201.

10 크러쉬 〈러시아워〉 ▶

11 던 말릭 〈60초 텀 래퍼 캐스팅〉 ▶

12 가장 먼저 영국이 이 같은 연구를 시작했다. 영국의 DML(Digital Music Lab)은 음악 빅 데이터의 연구방법과 분석을 위한 소프트웨어 개발을 하고 있다. 이 연구소의 연구프로젝트에 대한 자세한 내용은 이미경(2019). 디지털 데이터를 통한 음악연구의 가능성, 〈음악과문화〉 41. 79-102쪽. 참조.

13 Janata P, Tomic ST, Haberman JM.(2012). Sensorimotor coupling in music and the psychology of the groove. J Exp Psychol Gen. 141(1):54-75. doi: 10.1037/a0024208.

14 Janata 외 (2012), 위의 논문.

15 Wesolowski, Brian C. (2016). Timing deviation in jazz performance: The relationships of selected musical variables on horizontal and vertical timin relations: A case study. Psychology of Music, 44(1), 75-94.

16 Seddon, F. A. (2005). Modes of communication during jazz improvisation. British Journal of Music Education, 22(1), 47-61.

17 Wesolowski, 위의 글.

18 증조할머니와 아기의 대화 ▶

19 Trevarthen, C., & Malloch, S. (2009)(eds.). Communicative Musicality: Exploring the Basis of Human Companionship. Oxford: Oxford University Press.

20 엄마의 모성어가 음악화된 것이 자장가다. 자장가는 거의 모든 문화에서 비슷한 음향 특성을 띤다. 속도는 느리고 도약이 심하지 않은 선율 흐름을 갖고 있다. 사람들은 모르는 언어로 되어 있어도 자장가와 자장가 아닌 노래를 대충 구별할 수 있을 정도다.

21 이 실험에 관한 이야기는 웰렌스타인.《쾌감 본능》김한영 옮김. (서울: 은행나무, 2009). 31-32쪽에서 재인용.

22 스티븐 미슨,《노래하는 네안데르탈인》, 김명주 옮김. 뿌리와 이파리 2008.

23 그는 이것을 'Hmmmm' 의사소통체계라고 명명한다. Hmmmm는 전일성(Holistic), 다중성(Multi-modal), 조작성(manipulative), 음악성(Musical)을 첫

자를 딴 것이다. 이 특성들은 따로 따로는 현생 유인원과 원숭이의 의사소통 체계에서도 발견되지만, 초기 호미니드에 이르러 하나로 통합되었다고 주장한다.

24 같은 책, 175쪽.

25 아기가 하는 곤지곤지 ▶

26 Phillips-Silver, Jessica & Keller, Peter E. (2012). Searching for roots of entrainment and joint action in early musical interactions. Frontiers in Human Neuroscience. 6(26). pp.1-11.

27 Hove, M. J., and Risen, J. L. (2009). It's all in the timing: interpersonal synchrony increases affiliation. Soc. Cogn. 27, pp.949-961.

28 Marcus, E. S., Welkowitz, J., Feldstein, S., & Jaffe, J. (1970). Psychological differentiation and the congruence of temporal speech patterns. Paper presented at the meeting of the Eastern Psychological Association, Atlantic City. Welkowitz, J., Cariffe G., Feldstein, S.(1976). Conversational Congruence as a Criterion of Socialization in Children. Child Development 47(1), pp. 269-272.에서 재인용.

29 Keller, Peter E., Knoblich Guenther, Repp, Bruno H. (2007). Pianists duet better when they play with themselves: On the possible role of action simulation in synchronization. Consciousness and Cognition 16. pp.102-111.

30 Eerola T, Jakubowski K,Moran N, Keller PE, Clayton M. (2018) Sharedperiodic performer movements coordinateinteractions in duo improvisations. R. Soc. opensci. 5:171520. http://dx.doi.org/10.1098/rsos.171520.

31 멘델스존 Octet in Eb major op.20 (연주:Janine Janson and International Chamber Music Festival 2019 in Utrecht.)

음악,
밀당의 기술

타이밍과
끌림에 관하여

지은이 이미경

1판 1쇄 펴냄 2024년 1월 15일
1판 2쇄 펴냄 2025년 5월 2일

펴낸곳 곰출판
출판신고 2014년 10월 13일 제2021-000049호
전자우편 book@gombooks.com
전화 070-8285-5829
팩스 02-6305-5829

종이 영은페이퍼
제작 미래상상

ISBN 979-11-89327-27-9 (03670)